Les Grandes Dates de l'Histoire de France

Les Grandes Dates de l'Histoire de France

Jean-Joseph Julaud

FIRST Editions

ISBN 978-2-7540-0143-4
Dépôt légal : 1er trimestre 2006
Imprimé en Italie
Conception couverture : Bleu T

Conception graphique : Georges Brevière

Éditions First-Gründ
60, rue Mazarine, 75006 Paris
Tél : 01 45 49 60 00
Fax : 01 45 49 60 01
e-mail : firstinfo@efirst.com
www.editionsfirst.fr

Sommaire

INTRODUCTION

Vous arrive-t-il de sentir que votre mémoire boitille, que, dans la recherche que vous lui confiez, elle sautille, désemparée, passant d'une date douteuse au flou d'un lieu, et qu'elle se met à la poursuite d'un nom lancé à la vitesse de la lumière vers l'insoutenable bout de la langue ? Oui ?

Voici pour vous, en forme de petit livre, une béquille à utiliser pour aller tout droit dans le passé, discrète, et qui se dissimule dans votre sac, dans votre poche.

Ainsi, lorsqu'on sollicitera votre tête supposée bien faite et bien pleine – vous demandant en quelque sorte des nouvelles du front –, personne ne soupçonnera que, dans votre mémoire, tout là-haut, parfois, tout va de guingois…

Jean-Joseph Julaud

Comment ce petit livre est construit.

- Les grandes dates de l'Histoire de France se succèdent dans l'ordre chronologique.
- Elles sont classées par périodes – la préhistoire, le haut Moyen Âge – ou par siècles, afin de fournir à votre mémoire des cadres faciles à installer – et à remplir.
- Des parties magazine, des bilans, des développements approfondis sur certains thèmes importants vous sont proposés au fil de votre lecture.
- De temps en temps, une petite fenêtre s'ouvre sur les pays voisins afin d'y découvrir un événement à retenir.
- Tout cela doit vous permettre d'effectuer sans difficulté un utile transfert de données, de ce petit livre vers votre propre mémoire vive, située dans votre cerveau.
- Prêt pour l'opération ? Chargez !...

LA PRÉHISTOIRE

L'homo habilis

- 2 000 000 d'années : un prototype d'homme, l'homo habilis – homme habile, en latin – sillonne le territoire devenu la France. Il marche courbé, mesure 1,30 m. On a retrouvé de petits refuges où il s'abritait il y a environ un million d'années, à Roquebrune Cap-Martin, près de Saint Tropez.

L'homo erectus

- 500 000 ans : l'homo erectus – qui se tient bien droit – fait son apparition en France. Né sans doute au Kenya un million d'années auparavant, il s'installe pour plus de trois cent mille ans dans des grottes, notamment celle de Tautavel, près de Perpignan, où on a retrouvé les restes de ses repas cannibales...

Feu !

Il y a cinq cent mille ans, l'homme s'assure la maîtrise d'un élément qui l'avait sans doute terrifié et fasciné pendant des millénaires : le feu. Il peut cuire ses aliments, se chauffer, s'éclairer.

L'homo sapiens

- 135 000 à - 35 000 : l'*homo sapiens* – sage, intelligent, raisonnable – parcourt une partie de l'Europe. On lui donne le nom d'homme de Neandertal, des squelettes fossilisés de ce type de nomade mesurant environ 1,65 m ayant été découverts à Neander, près de Düsseldorf, en 1856.

L'homo sapiens sapiens

- 35 000 à - 3 000 : plus sage, plus intelligent, plus raisonnable, plus fort et plus beau que l'*homo sapiens*, voici l'*homo sapiens sapiens* (oui, deux fois !). C'est notre grand ancêtre baptisé Cro-Magnon depuis que, sur le site du même nom, en Dordogne, des restes fossiles de *sapiens sapiens* ont été découverts en 1868.

Lascaux

Quatre enfants en promenade près de Montignac sur Vézère, en Dordogne, découvrent par hasard, le 12 septembre 1940, une grotte fermée depuis... 15 000 ans : la grotte de Lascaux. Sur ses parois, le plus grand trésor pictural de la préhistoire ! Fermée au public depuis 1963 pour éviter toute dégradation, elle est reproduite à l'identique pour les visiteurs.

Petits rappels

La préhistoire de l'homme comporte trois parties :

1 Le paléolithique, période de la pierre taillée, qui se divise lui aussi en trois parties :
   le paléolithique inférieur (- 2 000 000 à - 250 000)
   le paléolithique moyen (- 250 000 à - 35 000)
   le paléolithique supérieur (- 35 000 à - 10 000)
2 Le mésolithique, période de réchauffement climatique : entre - 10 000 et - 5000
3 Le néolithique, période de la pierre polie (sédentarisation, domestication des animaux) : entre - 5 000 et - 1 000 (pour ce qui concerne le territoire appelé aujourd'hui France)

Les trois âges des métaux

1 L'âge du bronze se situe à la fin de la préhistoire, de - 1 700 à - 800 environ.
2 Le premier âge du fer – civilisation hallstattienne, du village de Hallstatt, en Autriche – commence vers - 900
3 Le deuxième âge du fer – civilisation de La Tène, de Tène, petite ville située sur les rives du Bas-Lac de Neuchâtel – s'étend de - 450 à notre ère.

DES CELTES AUX GAULOIS

- 800 : les Celtes, venus des steppes d'Asie centrale arrivent en Europe de l'ouest, avec leurs épées et outils en fer.

- 600 : les Phocéens, Grecs de la ville de Phocée située en Asie Mineure (aujourd'hui près d'Izmir en Turquie) fondent *Massalia* qui deviendra Marseille, la cité phocéenne.

- 525 : en 1952, on découvre sur le territoire de la commune de Vix, en Côte d'Or, la sépulture d'une jeune femme d'une trentaine d'années, parée de tous ses bijoux, allongée dans un char dont les roues ont été démontées, près d'un vase de bronze de 1,64 m de haut, 1,27 m de diamètre. Il pèse 208,6 kg. Cette sépulture est datée de - 525.

Les Celtes, qui sont-ils ?

Au VIe siècle avant J.C., l'historien et géographe grec Hécatée de Millet mentionne les Celtes. En - 450, Hérodote, un autre historien grec, en parle aussi. Le terme *celte* trouve sa racine dans les langues indo-européennes : il viendrait de *Kel-kol* désignant le colon ; à moins que ce soit un dérivé de l'adjectif *keleto* qui signifie rapide. On peut en déduire que le Celte est un colon qui se déplace rapidement... Dans la littérature grecque, le Celte porte le nom de Galate.

Les Gaulois : des Celtes ?

En - 168, l'écrivain romain Caton l'ancien traduit le terme grec *Galates* désignant les Celtes par le mot *Galli* qui va peu à peu se transformer en... Gaulois ! Celtes, Galates, Gaulois, mêmes racines, et même racine !

- 450 : une deuxième vague d'envahisseurs celtes déferle sur la Gaule. Leurs épées sont décorées, et de meilleure qualité – c'est le début de la civilisation de La Tène.

- 121 : la Gaule du sud devient romaine par l'annexion des territoires des Allobroges – peuples occupant les actuels Dauphiné et Savoie.

- 118 : les Romains fondent leur première colonie en Gaule. Ils lui donnent le nom du dieu de la guerre : *Narbo Martius*. Ce nom va peu à peu se transformer en... Narbonne. Narbonne est la capitale de la Gaule Narbonnaise ou Transalpine.

- 102 : les Teutons et les Cimbres envahissent la Gaule et se dirigent vers Rome. Mais ils sont battus à Aix-en-Provence par le consul romain Marius.

- 58 : les Helvètes, habitants de l'actuelle Suisse, décident de partir pour l'actuelle Saintonge. Ils sont arrêtés par César qui les massacre à Bibracte (non loin de la ville d'Autun)

- 57 : les Vénètes sont battus par César dans le Golfe du Morbihan. Les Belges qui se révoltent sont écrasés – la Belgique de l'époque couvre environ le quart nord est de la France actuelle.

- 52 : les peuples gaulois se révoltent contre César. À leur tête, Vercingétorix remporte la victoire de Gergovie, mais est battu à Alésia. Vercingétorix est conduit à Rome, emprisonné pendant six ans, puis étranglé sur ordre de son vainqueur.

- 16 : fondée en - 43, la ville de *Lugdunum* (Lyon) devient la capitale des trois Gaules : la Gaule lyonnaise – entre la Loire et le Seine –, la Gaule Aquitaine – des Pyrénées jusqu'à la Loire –, et la Belgique au nord. En - 12, un sanctuaire fédéral fut inauguré à l'emplacement actuel de la Croix rousse.

La pax romana

Après Alésia, les Gaulois ne voient pas d'un mauvais œil l'occupation romaine qui leur permet d'accroître leurs exportations (charcuteries, vins, objets en céramique, bijoux...) et d'importer des marchandises rares chez eux (fer, plomb, cuivre, marbre, huile d'olive...). Mis à part quelques révoltes çà et là, quelques tentatives d'intrusion de barbares à travers le limes – la ligne de frontières de l'est – la paix règne en Gaule pendant trois siècles.

177 : les premiers chrétiens qui refusent l'autorité de l'empereur romain sont massacrés à Lyon. Parmi eux, la jeune Blandine est torturée, livrée aux fauves qui s'en détournent. Elle est poignardée par un gladiateur.

313 : l'empereur Constantin, devenu chrétien, accorde la liberté de conscience à tous les chrétiens, y compris ceux de la Gaule.

406 : en décembre, les Vandales, les Alains, les Suèves, les Burgondes franchissent le Rhin gelé et se répandent en Gaule, pillant les richesses, massacrant la population. Les Vandales ne s'arrêteront qu'au sud de l'Espagne devenue la Vandalousie, puis… l'Andalousie.

407 : les Wisigoths, venus des steppes d'Ukraine, franchissent les Alpes, et pillent Rome en 410. En 412, ils s'installent en Gaule du sud.

451 : le 7 avril, les Huns et leur chef Attila franchissent le Rhin, incendient Metz, puis foncent vers Orléans où ils sont repoussés par Aetius, généralissime des armées en Gaule, et le roi Wisigoth Théodoric, qui le rattrapent sur la route de Troyes où a lieu la bataille des Champs Catalauniques à la fin de juin. Attila est battu.

Geneviève résiste

À Paris, la rumeur enfle en avril 451 : Attila dirige ses troupes sur la ville dont il veut s'emparer. Geneviève, jeune fille d'aristocrates gallo-romains exhorte ses compatriotes à résister. Finalement Attila préfère se diriger vers Orléans, porte du royaume des Wisigoths qu'il déteste. Cependant, Geneviève a acquis auprès des Parisiens l'image d'une résistante à toute épreuve. On admire son courage. Le roi Clovis, la reine Clotilde eux-mêmes bénéficient de ses conseils. Morte à 89 ans, elle est enterrée à Paris, au sommet de la montagne qui porte depuis son nom : Sainte-Geneviève – dans l'église qu'elle a fait construire à l'emplacement de l'actuel lycée Henri IV, près du Panthéon.

476 : le dernier empereur romain d'occident, Romulus Augustulus, est déposé à Rome par Odoacre, roi des Hérules, une peuplade germanique. On considère que cette date marque la fin de l'Antiquité et le début du Moyen Âge.

LE HAUT MOYEN ÂGE

Le Moyen Âge ?

Le Moyen Âge s'étend de la chute de l'empire romain en 476 à la prise de Constantinople par les Turcs, en 1453, année de la dernière bataille de la guerre de cent ans, à Castillon, près de Bordeaux. En arrondissant les dates, on peut dire que le Moyen Âge dure environ un millénaire, de 500 à 1500.

On appelle le Haut Moyen Âge, la période qui va du Ve au Xe siècle

481 : à la mort de son père Childéric, roi des Francs saliens, Clovis devient roi à son tour. Il n'a que quinze ans.

Les Francs

Intrépide, hardi, ou supérieur. Ainsi peut être traduit le mot *Franc*, nom d'une farouche tribu installée le long du Rhin, près de Mayence, jusqu'à la mer du Nord, et battue par l'empereur romain Aurélien en 260 et 275 alors qu'elle tentait une incursion en Gaule. À peine un siècle plus tard, les Francs s'établissent à Liège, collaborent avec les Gallo-Romains. En 430, ils s'emparent de Cambrai, tentent de pénétrer dans la Somme, Clodion à leur tête – Clodion à qui succède son fils

Mérovée (premier des... Mérovingiens). À Mérovée, succède son fils Childéric. À Childéric, succède Clovis...

486 : Clovis bat Syagrius, dernier « roi des Romains » dans sa capitale : Soissons. À cette époque se situe l'épisode du vase de Soissons, pièce de butin ravie à Clovis par un de ses soldats. Un an plus tard, Clovis, passant ses troupes en revue, reconnaît ce soldat et l'exécute d'un coup de hache en lui disant : « Souviens-toi du vase de Soissons… »

493 : Clovis, qui a réussi à s'établir jusque sur les bords de la Loire, épouse Clotilde, princesse chrétienne, nièce du roi des Burgondes.

496 : Clovis bat les Alamans à Tolbiac (aujourd'hui Zulpich, au sud de Cologne). Puis il se fait baptiser dans l'église de Reims par l'évêque Rémi.

507 : Clovis bat et tue le roi des Wisigoths Alaric à Vouillé, près de Poitiers. Le royaume franc s'étend bientôt des Pyrénées jusqu'au Rhin, avec pour capitale la ville préférée de Clovis : Paris.

511 : mort de Clovis. Son royaume est partagé entre

ses quatre fils Thierry, Clodomir, Childebert Ier et Clotaire Ier .

558 : Après la mort de ses trois frères, Clotaire Ier devient roi de tous les états francs.

Saint-Cloud

Clodomir qui est tué en combattant les Burgondes en 524 laisse trois fils de dix, sept et quatre ans – Théobald, Gunthaire et Clodoald – chéris de leur grand-mère, la reine Clotilde. Afin de s'approprier les possessions de Clodomir, Clotaire Ier et Childebert Ier décident de s'emparer des trois enfants et de les tuer ! Clotaire exécute Théobald et Gunthaire. Clodoald réussit à s'enfuir. Il grandit, fonde un monastère qui prend son nom. Ce nom – Clodoald – se transforme en Cloald, puis en Cloud, devenu, plus tard, Saint-Cloud.

561 : mort de Clotaire Ier. Son royaume est partagé entre ses quatre fils : Sigebert, Chilpéric, Caribert, Gontran.

Frédégonde et Brunehaut

Sigebert, roi d'Austrasie, épouse, en 566, à Metz, la fille du roi des Wisigoths d'Espagne : l'étincelante Brunehaut ! Chilpéric, roi de Neustrie, fasciné par le brillant mariage de son frère, demande la main de la sœur de Brunehaut : Galswinthe. le mariage a lieu à Rouen en 567. Mais la favorite de Chilpéric, l'esclave Frédégonde, décide de supprimer Galswinthe et de prendre sa place. Entre Brunehaut et Frédégonde, après la mort de Sigebert et de Chilpéric, c'est la guerre ! Une guerre qui se termine dans l'horreur en 613 près de Dijon, puisque Clotaire II, fils de Frédégonde morte en 597, fait torturer Brunehaut pendant trois jours avant de l'attacher nue par une jambe, un bras et les cheveux à la queue d'un cheval fou !

623 : Dagobert Ier, fils de Clotaire II et de la reine Bertrade, est nommé roi d'Austrasie. Six ans plus tard, à la mort de son père, il règne aussi sur la Neustrie, sur la Bourgogne, puis sur l'Aquitaine à la mort de son frère, aidé de ses trois conseillers : Eloi, Didier, et Ouen. Il fait de Paris la capitale de son royaume.

629 : Mort de Dagobert Ier, inhumé en la basilique Saint-Denis – ainsi que tous ses successeurs. Son royaume est partagé entre ses deux fils, Sigebert III, neuf ans (l'Austrasie), et Clovis II, trois ans (la Neustrie). Trop jeunes pour régner, ils sont aidés des maires du palais – sortes de premiers ministres – qui s'accordent de plus en plus de pouvoirs.

Ainsi Pépin de Landen (580 - 640), en Austrasie.

687 : Pépin de Herstal - fils de pépin de Landen – qui s'est autoproclamé duc d'Austrasie, bat les troupes de Thierry III, roi de Neustrie, fils de Clovis II, à Tertry, près de Saint-Quentin. Il domine alors l'ensemble territorial Austrasie-Neustrie, écartant du pouvoir les rois légitimes, appelés à tort, beaucoup plus tard, rois fainéants.

718 : le fils de Pépin II de Herstal et de sa concubine Alphaïde, Charles Martel (le marteau, tant il frappe fort au combat) devient maître de l'Austrasie et de la Neustrie, tout en prenant la précaution de mettre sur le trône Clotaire IV, et, plus tard, Chilpéric II et Thierry IV, rois légitimes, mais fantoches.

732 : le 25 octobre, les Arabes qui ont peu à peu investi le Languedoc, Toulouse, Bordeaux, foncent sur les troupes de Charles Martel, au lieu dit, aujourd'hui, Moussais-la-Bataille, près de Poitiers. Les Francs résistent. Les Arabes se débandent après la mort de leur chef Abd-el-Rahman, et refluent vers le sud, franchissant en désordre les Pyrénées.

751 : après la mort de son père Charles Martel en 741, le désistement de son frère Carloman en 747, Pépin le bref (surnommé ainsi à cause de sa petite taille) se fait désigner en novembre roi des Francs à Soissons. Il reprend le Languedoc aux Arabes, soumet les Saxons, les Aquitains. Le dernier roi mérovingien Childéric III meurt en 755.

771 : Charles – Charlemagne –, fils de Pépin le Bref et de Berthe au grand pied, devient roi, après la mort de son père en 768, et celle de son frère Carloman.

778 : battu en Espagne, trahi par son allié maure, Charlemagne franchit les Pyrénées, laissant à Roland le commandement de l'arrière-garde. Les Vascons, ancêtres des Basques, attendent Roland au col de Roncevaux (Ibaneta), et massacrent sa troupe. Charlemagne fait demi-tour pour secourir Roland, mais il est trop tard. C'est le sujet de la *Chanson de Roland,* chantée dans les châteaux beaucoup plus tard, vers 1100.

789 : aidé du moine Alcuin, Charlemagne réforme le clergé, institue l'école gratuite et obligatoire. Il envoie dans toutes les provinces de son royaume des *Missi dominici* (des envoyés du maître) afin de faire appliquer les capitulaires – les lois.

Le grand Charles

Charlemagne – Carolus Magnus, le Grand Charles – est un grand empereur et un empereur grand : il mesure plus d'un mètre quatre-vingt-dix ! Sa voix est fluette, son nez plutôt long. Point de barbe fleurie comme dans le poème de Victor Hugo, mais une longue moustache franque, et les cheveux coupés au bol ! Charlemagne adore les nombreux enfants qu'il a eus de plusieurs femmes – la plus jeune, Hildegarde, n'ayant que... treize ans lorsqu'il l'a épousée. On connaît tous ces détails grâce à celui qui a suivi l'empereur comme son ombre : son biographe Eginhard.

800 : Charlemagne est couronné empereur à Rome, le 25 décembre.

814 : le 28 janvier, l'empereur Charlemagne meurt d'une pleurésie, à l'âge de soixante-douze ans, après quarante-six ans de règne.

833 : Louis Ier le Pieux, qui a pris la succession de son père Charlemagne et partagé son empire entre ses fils, affronte ceux-ci lors d'une bataille rangée, entre Colmar et Bâle. Motif : Louis le germanique, Pépin et Lothaire reprochent à Louis Ier, leur père, d'avoir favorisé son petit dernier : Charles ! Vainqueurs : les fils qui font enfermer leur père dans un monastère !

840 : après avoir été remis sur son trône, Louis Ier le Pieux meurt. Les fils continuent de se faire la guerre – sauf Pépin, mort en 838.

842 : Louis le germanique et Charles décident de s'allier contre leur frère Lothaire. Ils rédigent à Strasbourg, le 14 février, un serment qui est lu en tudesque (ancien allemand) pour les soldats de Louis, et en roman pour ceux de Charles, dit Le Chauve.

Le serment de Strasbourg

Voici un extrait du premier document où figure ce qui peut être considéré comme l'arrière-arrière-grand-mère de la langue française : la langue romane : *Pro Deo amur et pro Christian poblo si salvarai eo cist meon frade Karlo et in aiuhdha et in cadhuna cosa et ab Ludher nul plaid nunquam prindrai, qui, meon vol, cist meon fadre Karle in damno sit.* Ce qui signifie : Pour l'amour de Dieu et pour le peuple chrétien je secourrai ce mien frère Charles par mon aide et en toute chose, et je ne tiendrai jamais avec Lothaire aucun plaid qui, de ma volonté, puisse être dommageable à mon frère Charles...

843 : les trois frères se mettent d'accord enfin pour se partager l'empire. La future Allemagne revient à Louis le germanique – la *Francia orientalis* – ; Lothaire va régner sur un territoire de deux mille kilomètres de long et deux cents kilomètres de large, de la Méditerranée à la mer du Nord – la *Francia Media* – ; et Charles II le Chauve devient roi de la Gaule de Clovis – la *Francia occidentalis* – : le futur royaume de France !

843 : les Normands incendient la cathédrale de Nantes.

845 : Ragnar Lodbrog et des milliers de Normands s'emparent de Paris. Ils incendient les églises le dimanche de Pâques. Charles le Chauve obtient leur départ contre une forte somme en argent. En Bretagne, le comte Nominoé, nommé par Louis le Pieux, refuse l'autorité de Charles le Chauve et le bat à Ballon, près de Bains-sur-Oust (actuelle Ille-et-Vilaine).

851 : le fils de Nominoé, Eripsoé, bat à son tour Charles le Chauve à Jengland, près de Beslé-sur-Vilaine (Loire-Atlantique). Eripsoé devient roi, acquérant du même coup les comtés de Rennes, Nantes et Retz.

La féodalité

Afin de surveiller et d'administrer les provinces de son immense empire, Charlemagne a nommé à leur tête les plus fidèles de ses compagnons (en latin, compagnon se traduit par *comes, comitis* ; le terme latin a donné *comte,* et *comté*). Peu à peu, les comtes acquièrent une autonomie qui nuit à l'unité du royaume. Le seigneur – ou comte – construit son château fort, fait sa loi et n'a qu'une idée : s'emparer des terres de son voisin. Ainsi se développe une agitation féodale contre laquelle le roi lutte souvent en vain. Le seigneur possède toute autorité sur ses paysans (serfs et vilains). Le seigneur le plus riche devient un suzerain auquel les vassaux – seigneurs peu fortunés – prêtent hommage. Le roi n'exerce plus qu'une autorité de prestige.

875 : le jour de Noël, Charles le Chauve se fait couronner empereur d'Occident à Rome. Il meurt deux ans plus tard, en 877.

911 : après les règnes de Louis II le Bègue (877 - 879), de Louis III et Carloman (879 - 882 - 887), de Charles III le Gros (jusqu'en 888), d'Eudes Ier (qui n'est pas un carolingien, mais assure la fonction de 888 à 898 pour Charles III, trop jeune), voici Charles III qui signe, à Saint-Clair-sur-Epte, près de Vernon, la paix avec le chef normand Rollon. Il leur donne un territoire : la Normandie.

La source capétienne

Un comte rhénan, grand aristocrate et parent par leur mère de Lothaire et Louis le Germanique, va donner naissance à une dynastie qui va régner en France pendant des siècles. Il s'agit de Robert le Fort, mort à Brissarthe, près d'Angers, en 866 – on ne connaît pas l'année de sa naissance. Eudes Ier, roi de France de 888 à 898, et son fils, Robert Ier, roi de France de 922 à 923, l'est aussi. Eudes et Robert ont un frère : Hugues le Grand qui lorgne le trône de France, trône sur lequel montera son fils : Hugues Capet !

987 : au mois de mai, meurt à vingt ans, d'un accident de chasse, le dernier carolingien : Louis V le Fainéant (non qu'il soit paresseux, mais en un an de règne, il n'a pas le temps de faire grand-chose…).

Lothaire, son père avait régné de 954 à 986, repoussant les germains d'Othon II à l'aide de… Hugues Capet. Le père de Lothaire, Louis IV d'Outremer avait régné de 936 à 954, il succédait à Raoul, un duc de Bourgogne devenu roi presque par hasard, de 923 à 936.

987 : Hugues Capet devient roi… de Paris et d'Orléans ; et de quelques comtés et évêchés qui lui rapportent quelques bénéfices… Bien sûr, Hugues Capet est roi de France, mais il ne représente que l'autorité spirituelle. Les grands duchés (Normandie, Bretagne, Bourgogne, Flandre, Aquitaine) s'administrent de façon autonome, et verraient d'un mauvais œil que le roi de France se mêle de leurs affaires, surtout s'il s'agissait de prélever des impôts… Cette même année 987, le 30 décembre, Hugues Capet assure sa succession en faisant sacrer roi son fils Robert II, dix-sept ans.

996 : mort de Hugues Capet. Robert II, son fils lui succède. Il doit faire face à de multiples conflits avec les grands seigneurs féodaux.

XIe SIÈCLE

1031 : mort de Robert II, Henri Ier, son fils, devient roi.

1041 : au concile de Provence est instituée la trêve de Dieu, destinée à limiter les effets désastreux des rivalités entre les seigneurs voisins.

1060 : Philippe Ier devient roi, et remplace son père Henri Ier qui vient de mourir. Il n'a que huit ans. Son oncle Baudouin V, comte de Flandre, assure la régence.

Dans le monde : Guillaume le Conquérant, le franglais

Le 14 octobre 1066, des chevaliers normands, bretons, flamands, français, commandés par Guillaume le Bâtard, duc de Normandie, descendant de Rollon, affrontent le roi d'Angleterre Harold à Hastings. Guillaume le Bâtard – ainsi nommé car il est né en dehors du mariage, sa mère étant la fille d'un tanneur de Falaise – réclame le trône d'Angleterre que son oncle, Édouard le Confesseur, roi défunt, lui avait promis. Harold perd la bataille et meurt. Guillaume, devenu depuis « le Conquérant », règne alors sur le million d'Anglais de cette époque, imposant peu à peu sa loi et sa langue, un pré-français qui est à l'origine d'une grande partie de la langue anglaise parlée aujourd'hui.

XIIe SIÈCLE

1108 : après quarante-huit années d'un règne passé à agrandir le domaine royal, Philippe Ier devenu impotent, meurt. Il cède la place à son frère Louis VI le Gros qui poursuit la tâche, se mesurant notamment à Henri Ier d'Angleterre, duc de Normandie, auquel il livre trois guerres, sans succès.

Les croisades

Le 27 novembre 1095, le pape Urbain II lance un appel solennel, à la fin du concile qu'il a organisé à Clermont en Auvergne : il faut aller délivrer le tombeau du Christ à Jérusalem, tombé aux mains des infidèles, les musulmans. Les volontaires se cousent une croix sur leur vêtement, ils deviennent des croisés. Lors de la première croisade qui se déroule de 1096 à 1099, se succèdent les pauvres gens conduits par un moine aventurier – Pierre l'Ermite –, et les barons, avec à leur tête Godefroi de Bouillon. En 1099, Jérusalem est prise par les croisés. Du 14 au 22 juillet, ils conduisent l'un des plus horribles massacres de l'Histoire dans la Ville sainte. Sept autres croisades vont se succéder, jusqu'à la mort de Louis IX (Saint Louis), en 1270.

1131 : le 13 octobre, Philippe, 14 ans, fils de Louis VI le Gros, et destiné à devenir roi, se promène à cheval dans une rue de Paris, près du Châtelet. Soudain, un porc – l'animal le plus vil à l'époque – fonce dans les pattes du cheval ; Philippe tombe, sa tête heurte une grosse pierre ; il meurt quelques heures plus tard. Suger (1081–1151), le précieux conseiller de Louis VI, raconte dans ses mémoires ce triste événement qui prive la France d'un roi bien formé à ses futures responsabilités.

1131 : le frère de Philippe, Louis, quitte le monastère où il devait passer sa vie. Le 25 octobre, à Reims, il est sacré roi sous le nom de Louis VII. Son père, Louis VI, l'initie au pouvoir.

1137 : le 25 juillet, Louis VII, 17 ans, épouse la belle Aliénor d'Aquitaine, 15 ans à peine. La France est ainsi augmentée du duché d'Aquitaine qu'Aliénor décide de gouverner elle-même, l'excluant du domaine royal. Louis VI meurt le 1er août.

1147 : Louis VII part pour la deuxième croisade. Il emmène avec lui la reine Aliénor.

Aliénor et l'amour

« De beaux yeux verts, un gentil corps, un clair visage, les cheveux blonds... » Ainsi est décrite par son biographe celle qui fait rêver tous les ducs, tous les princes, tous les hommes – et même les femmes – du XIIe siècle jusqu'à aujourd'hui : Aliénor d'Aquitaine. Petite-fille du troubadour Guillaume d'Aquitaine, elle adore la poésie et les poètes qui célèbrent sa beauté. Elle aime séduire, se laisse aller à l'amour sans perdre de vue les affaires. Elle donne naissance à dix enfants – deux filles pour Louis VII, trois filles et cinq fils pour son second mari, Henri II d'Angleterre. Deux de ces cinq fils ont laissé leur nom dans l'Histoire : Richard Cœur de Lion et Jean sans Terre. Aliénor meurt en 1204 à l'abbaye de Fontevraud où elle s'était retirée.

1148 : Aliénor noue une idylle avec son oncle Raymond de Poitiers qu'elle a retrouvé à Antioche. Loui VII en est humilié.

1152 : Louis VII répudie Aliénor qui, le 18 mai, épouse Henri II Plantagenêt – il n'a pas 20 ans, elle en a 30.

1154 : Henri II devient roi d'Angleterre et Aliénor reine d'Angleterre et duchesse de Normandie, tout en ayant conservé l'Aquitaine !

1180 : après de nombreux conflits avec Henri II d'Angleterre, Louis VII meurt le 18 septembre. Son fils Philippe II lui succède – Philippe II qui devient, plus tard, sous la plume de son biographe, Philippe Auguste.

1189 : Henri II Plantagenêt meurt après avoir guerroyé contre ses fils Richard Cœur de Lion et Jean sans Terre – leur mère est Aliénor d'Aquitaine –, querelles habilement exploitées par Philippe Auguste pour récupérer les territoires anglais en France.

Jean sans Terre ?

Pourquoi Jean sans Terre ? Sans terre, parce que son père, le roi d'Angleterre Henri II, n'a aucune terre à lui donner avant la mort de son frère aîné Richard Cœur de Lion, et parce que le roi de France Philippe II lui a confisqué ses terres de Normandie, d'Anjou et de Poitou, après une sombre affaire d'enlèvement.

1190 : Philippe Auguste et Richard Cœur de Lion partent pour la troisième croisade.

1191 : Philippe revient précipitamment de croisade : il ne supporte plus Richard Cœur de Lion qui s'attribue tout le mérite des victoires – la prise d'Acre entre autres. Ce retour a d'autres raisons : Philippe veut exploiter au profit de la couronne l'héritage de Philippe d'Alsace – l'héritage flamand – et celui de nombreux autres seigneurs, morts en croisade.

1199 : Richard Cœur de Lion, qui a été prisonnier du duc d'Autriche de 1192 à 1194, et a repris la lutte contre Philippe II, meurt sous les murailles de Châlus dans le Limousin en 1199. Sa mère, Aliénor, accourue de Fontevraud, lui ferme les yeux.

XIIIe SIÈCLE

1207 : le pape Innocent III lance une croisade pour la reconquête du Languedoc, gagné à une nouvelle religion : le catharisme. Philippe Auguste a refusé de répondre à l'appel du pape qui lui demandait d'intervenir pour ramener les chrétiens dissidents à la foi catholique.

La victoire de Bouvines

Philippe Auguste est devenu un roi trop puissant. Jean sans Terre, qui n'accepte pas d'avoir été dépossédé de... ses terres en France, complote avec l'empereur germanique Otton de Brunswick et quelques grands seigneurs du Nord. Il débarque à La Rochelle pendant qu'Otton s'avance vers Valenciennes. L'objectif est de prendre Philippe en tenailles et de gagner Paris. Mais près de Tournai, à Bouvines, le dimanche 27 juillet 1214, après cinq heures de mêlée, les troupes de Philippe battent celles d'Otton. Philippe assoit ainsi son autorité et celle des Capétiens sur une France dont il a multiplié par trois les possessions territoriales, qu'il a centralisée et enrichie.

1215 : Simon de Montfort, organisateur hors pair et chef sanguinaire accompli, s'empare de Toulouse après avoir reconquis une grande partie des terres cathares.

1218 : Simon de Montfort meurt sous les remparts de Toulouse après avoir été chassé de la ville.

1223 : Philippe Auguste meurt le 14 juillet. Louis VIII, son fils, lui succède, il a 36 ans.

Dans le monde...

Entre 1206 et 1222, Gengis Khan (1167-1227), après avoir fédéré de nombreuses tribus nomades, constitue l'immense empire mongol en conquérant la Chine, l'Iran et l'Afghanistan.

1226 : une nouvelle croisade contre l'hérésie cathare est conduite par Louis VIII qui meurt le 8 novembre. Son fils, Louis IX, douze ans, monte sur le trône, mais c'est Blanche de Castille, la reine veuve, qui gouverne.

1229 : le traité de Meaux-Paris confirme la défaite cathare : les possessions des croisés reviennent à la France.

Montségur

Les derniers cathares, ceux qui ont fui l'Inquisition et ses tortures, instituée en 1233 par le pape Grégoire IX, se sont réfugiés dans l'impressionnante citadelle de Montségur, au sommet d'un vertigineux piton rocheux. Régulièrement attaqués, ils ne sont vaincus qu'en 1244 par Hugues d'Arcis auquel un paysan a révélé un passage secret pour atteindre le sommet du piton. Les cent dix cathares – hommes, femmes, enfants – préfèrent la mort à la conversion. Ils sont brûlés vifs sur un bûcher, au pied du rocher de Montségur, dans une prairie qui porte aujourd'hui ce nom : le champ des Cramats.

1234 : de haute taille, plutôt effilé, blond, le roi Louis IX épouse la femme que sa mère a choisie pour lui, Marguerite de Provence. Cette année-là, Blanche de Castille laisse le pouvoir à son fils à qui elle a fait mener deux campagnes militaires victorieuses – en Bretagne et Champagne – afin qu'il assoie son autorité.

1242 : comme son père Philippe Auguste – contrairement à son arrière-grand-père Louis VII – Louis IX se montre particulièrement agressif contre les Juifs dont il fait brûler en place de Grève de nombreux exemplaires du Talmud. Il leur interdit de pratiquer l'usure, les rançonne pour financer sa croisade et, en 1259, les oblige à porter une rouelle jaune – morceau d'étoffe – sur leur vêtement.

1248 : en construction depuis sept ans, la Sainte-Chapelle est terminée. Elle est destinée à abriter la Couronne d'épines du Christ, un morceau de la Vraie Croix, de la lance et de l'éponge, toutes ces reliques de la Passion étant achetées une fortune à l'empereur d'Orient – dont les caisses sont quasiment vides.

1254 : épris de justice, Louis IX fait publier les Grandes Ordonnances qui en précisent l'application, évitant qu'il existe une justice des riches et une justice des pauvres.

Les croisades de Louis IX

Jérusalem étant de nouveau tombée aux mains des Turcs en 1244, Louis IX décide de partir en croisade. Il s'embarque avec près de 20 000 hommes le 25 août 1248. Il n'en reviendra qu'en 1254, après six années d'absence pendant lesquelles sa mère, Blanche de Castille, a remarquablement administré le pays avant de mourir en 1252, à 64 ans. Louis IX applique un vigoureux programme de retour à la morale qu'il estime menacée – il supprime les bains publics, chasse les prostituées. Puis il fait la paix avec les Anglais en 1258. En 1270, il part pour une nouvelle croisade en Terre Sainte. Elle lui est fatale : il meurt du typhus sous les murs de Tunis, le 25 août 1270.

1270 : Philippe III le Hardi succède à son père Louis IX.

1274 : poursuivant la politique d'entente avec les Anglais menée par son père, Philippe le Hardi signe le traité d'Amiens qui leur restitue une partie du fief d'Aquitaine.

1285 : Philippe le Hardi meurt à Perpignan, alors qu'il avait entrepris une croisade contre Pierre d'Aragon qui s'était rendu maître de la Sicile, y faisant massacrer les Français. Son fils – un colosse blond comme son père… – lui succède. On l'appelle « le biau roi », il devient Philippe IV le Bel.

1286 : Philippe le Bel est sacré roi à Reims. Il a 18 ans.

1297 : Louis IX est canonisé. Il devient dans la mémoire collective le roi Saint Louis.

1302 : le 11 juillet, les Français subissent une cuisante défaite à Courtrai, contre les Flamands – alliés de l'Angleterre. Ceux-ci décorent Notre-Dame de Courtrai avec les éperons d'or pris sur le champ de bataille. Courtrai devient *la bataille des éperons d'or.*

1304 : en août, à Mons-en-Pévèle, Philippe le Bel conduit lui-même les troupes qui prennent leur revanche contre les Flamands.

1307 : Philippe le Bel a besoin de beaucoup d'argent. Après avoir été en conflit avec le pape, en 1296, pour la levée d'un impôt sur le clergé, après avoir fait expulser les Juifs – et s'être emparé de leurs biens – en 1306, il fait arrêter les Templiers le 13 octobre 1307, et confisque tous leurs avoirs.

Qui sont les Templiers ?

Les Templiers sont un ordre religieux militaire fondé en 1119 à Jérusalem par Hugues de Payns, chevalier champenois, et neuf de ses compagnons. Ils se sont donné pour rôle de protéger les pèlerins sur le chemin du Saint-Sépulcre. Comme ils sont pauvres et n'ont pas de maison, les Pauvres Chevaliers du Christ – ainsi se nomment-ils eux-mêmes – vont loger dans une cabane près du temple de Salomon. Ils deviennent alors l'ordre du Temple, ou Templiers, les chevaliers du Temple. Les dons affluant, ils sont fort riches et jouent le rôle d'une grande banque européenne. Revenus en France après l'effondrement du royaume franc de Jérusalem, ils refusent que le roi Philippe le Bel – qui a toujours besoin d'argent – siège parmi eux. Mal leur en prend...

1314 : le 18 mars, Jacques de Molay, grand maître des Templiers, et trente-sept de ses compagnons sont brûlés vifs sur l'ordre de Philippe le Bel.

1314 : dénoncées par leur belle-sœur Isabelle, épouse du roi Édouard II d'Angleterre, Marguerite de Bourgogne, femme du futur roi Louis X le Hutin, et Blanche de Bourgogne, avouent leur liaison adultère avec Philippe et Gaultier d'Aulnay, écuyers du roi. La justice de Philippe le Bel est terrible : les frères d'Aulnay sont écorchés vifs devant des milliers de personnes, châtrés, accrochés à la queue de chevaux fous sur des guérets, puis – encore vivants – décapités et pendus par les pieds au gibet de Montfaucon ! Marguerite meurt en prison en 1315, Blanche meurt en 1325.

1314 : le 29 novembre, le roi Philippe le Bel meurt à 46 ans. Son fils Louis X le Hutin lui succède.

1316 : le 5 juin, mort de Louis X le Hutin. La reine est enceinte et accouche d'un fils le 15 novembre. Ce bébé roi, Jean Ier le Posthume, ne règne que cinq jours… Le trône revient alors à son oncle, Philippe V le Long.

1322 : Philippe V le Long meurt le 2 janvier. Comme il n'a pas eu de garçon, c'est son frère qui lui succède sous le nom de Charles IV le Bel, pour six ans…

1328 : Charles IV le Bel meurt sans descendance mâle – c'est le dernier des Capétiens directs. Qui peut lui succéder ? Édouard III d'Angleterre… ou Philippe, comte de Valois qui assure la régence. Évidemment, les pairs élisent Philippe qui devient le roi Philippe VI, et inaugure une nouvelle dynastie, celle des Valois. Il est couronné le 29 mai, à Reims.

1328 : les Flamands, révoltés de nouveau, sont battus à Cassel par Philippe VI.

La guerre de Cent Ans

La guerre de Cent Ans dure cent seize ans... Ce n'est pas une guerre en continu, mais ses épisodes successifs vont épuiser la France. Le plus long conflit de l'Histoire commence en 1337 lorsque le roi d'Angleterre Édouard III réclame la couronne de France – il est, par sa mère, petit-fils de Philippe le Bel. Philippe VI a trois objectifs : chasser les Anglais de Guyenne, les empêcher de s'installer en Bretagne et en Flandre. Après une défaite navale à l'Écluse (avant-port de Bruges) en 1340, les Français subissent une sévère défaite à Crécy face aux Anglais, le 26 août 1346. L'année suivante, Calais est prise par Édouard III. Nouvelle défaite le 19 septembre 1356 à Poitiers. Le roi Jean le Bon est fait prisonnier et emmené en Angleterre. En 1360, la paix est signée à Brétigny. Cependant, la guerre n'est pas terminée...

1348 : une épidémie de peste noire décime le pays.

1350 : le roi Philippe VI de Valois meurt à 57 ans. Son fils, Jean le Bon (l'intrépide au combat) monte sur le trône le 22 août. Il est déjà père de neuf enfants.

1356 : à Poitiers, plus de 20 000 Français se battent contre 10 000 Anglais et Gascons. Les chevaliers français qui, sous leurs lourdes armures, cherchent l'exploit personnel, sont vaincus ! Le roi Jean le Bon est fait prisonnier par le Prince Noir – fils d'Édouard III d'Angleterre.

1357 : pendant la captivité de Jean le Bon à Londres, Étienne Marcel, prévôt des marchands de Paris, tente de prendre le pouvoir. Il fait alliance avec le roi de Navarre, Charles le Mauvais, qui réclame lui aussi le trône de France.

1358 : le 31 juillet, Étienne Marcel est assassiné alors qu'il s'apprêtait à ouvrir les portes de Paris à Charles le Mauvais.

1360 : le 8 mai, à Brétigny, un traité de paix est signé entre les Anglais et les Français. Édouard III renonce à la couronne de France mais reçoit presque un tiers du royaume… Libéré, le roi Jean le Bon revient à Paris.

1364 : mort de Jean le Bon. Avènement de son fils Charles V qui va parvenir, avec l'aide de Bertrand du Guesclin, à chasser de France une grande partie des Anglais. Par ailleurs, Charles V réorganise l'armée, agrandit la flotte, stabilise la monnaie et rend efficace la perception des impôts.

Bertrand du Guesclin

Aîné d'une famille de dix enfants, Bertrand du Guesclin, né en 1320 dans un manoir près de Dinan, est tellement laid que sa mère le cache dans les coins sombres afin de ne pas le voir... Et pourtant il va épouser la plus belle femme de son temps : Typhaine Raguenel, éblouie par les exploits de son héros ! Il faut dire que du Guesclin est un extraordinaire homme de guerre qui va devenir, en 1370, connétable de France, véritable bras droit du roi Charles V (dont le bras droit est paralysé...). Presque toujours victorieux, il est cependant fait prisonnier à la bataille d'Auray par le Prince Noir. Il fixe lui-même sa rançon : une somme exorbitante... que le roi Charles V paie. Du Guesclin manœuvre habilement pour conduire les bandes de pillards en Espagne et bouter les Anglais hors de France. Il meurt en 1380. Charles V le fait enterrer à Saint-Denis, auprès des rois !

1380 : Charles V meurt à 42 ans. Son fils Charles VI lui succède.

1382 : les Parisiens se révoltent contre l'impôt – les oncles du jeune roi assèchent les caisses – et prennent pour armes des maillets de plomb entreposés à l'Hôtel de Ville. C'est la révolte des maillotins.

1385 : le 17 juillet, le jeune roi Charles VI, 17 ans, épouse Isabeau de Bavière, à peine 15 ans, fille du duc Étienne de Bavière et de Tadea Visconti, une princesse milanaise.

1388 : le 3 novembre commence le règne personnel du roi Charles VI.

1392 : le 5 août, alors qu'il traverse à la tête d'une petite troupe la forêt du Mans, Charles VI devient fou. Ses crises de folie se succéderont jusqu'à sa mort en 1422.

1393 : le 28 janvier, au cours d'un grand bal donné pour divertir le roi, les costumes de ses amis déguisés s'enflamment, et il échappe de justesse à une mort atroce. C'est ce qu'on a appelé « le bal des ardents ». La raison du roi est de plus en plus fragilisée. Ses oncles gouvernent à sa place.

Dans le monde...

Utilisant la terreur, Tamerlan (1336-1405) conquiert l'Iran et l'Afghanistan. Il fonde un immense – mais éphémère – empire turc.

1407 : le beau Louis d'Orléans, frère du roi et ennemi des Anglais, est assassiné sur ordre de Jean sans Peur, fils du duc Philippe de Bourgogne – et ami des Anglais…

1415 : le nouveau roi d'Angleterre, Henri V, ayant demandé à Charles VI de lui donner la couronne de France, la guerre reprend. Le 25 octobre, 50 000 Français se font battre par 10 000 Anglais à Azincourt ! Henri V, qui a fait 1 700 prisonniers, les fait exécuter en fin de combat dans la crainte d'une contre-attaque.

Charles d'Orléans, le poète…

Charles d'Orléans, le poète – *Le temps a laissé son manteau / De vent, de froidure et de pluye…* – fils de Louis d'Orléans assassiné en 1407, est épargné par Henri V à l'issue de la défaite d'Azincourt. Emmené en prison en Angleterre, il n'en revient que vingt-cinq années plus tard. Retiré au château de Blois, il épouse Marie de Clèves dont il aura un fils, le futur Louis XII.

1419 : le 10 septembre, Jean sans Peur est tué sur le pont de Montereau lors d'une entrevue avec Charles VII qui a toujours voulu venger la mort de son oncle, Louis d'Orléans. C'est la fin de la lutte entre les Armagnacs – partisans des fils de Louis d'Orléans – et les Bourguignons – partisans de Jean sans Peur, qui ont tour à tour investi Paris afin de s'installer au pouvoir – au point que, les Bourguignons dans la capitale, le dauphin Charles VII s'est réfugié à Bourges en 1418.

1420 : Philippe le Bon, fils et successeur de Jean sans Peur à la tête du duché de Bourgogne, prépare avec Isabeau de Bavière, la reine, un honteux traité – le honteux traité de Troyes – ; il y est précisé que Charles VII, étant un bâtard, ne peut devenir roi, et que le roi d'Angleterre, Henri V devient aussi roi de France. Ce traité est signé par le roi Charles VI le Fol le 21 mai.

La France et ses trois rois

Après la signature du honteux traité de Troyes, le 21 mai 1420, la France dispose de trois rois :

- le roi Henri V d'Angleterre ;
- le roi Charles VI le Fol qui ne peut exercer son pouvoir ;
- le jeune roi régent Charles VII, réfugié à Bourges.

1421 : le 22 mars, au Vieil Baugé, une armée francoécossaise bat l'armée anglaise. Cette victoire donne à Charles VII l'espoir de retrouver un jour son royaume. Mais il devra attendre Jeanne d'Arc.

1422 : le 21 octobre, le roi Charles VI le Fol rend son dernier soupir, au grand désespoir de celle qui était devenue sa compagne, Odinette de Champdivers. Le 31 août, Henri V d'Angleterre était mort, laissant la place à son fils Henri VI, âgé de… 10 mois ! Le duc de Bedford assure la régence. Charles VII n'est plus roi régent, mais roi à part entière puisque son père vient de mourir. Marié en avril à Marie d'Anjou, il vit à Tours dans un dénuement complet.

1423 : le 31 juillet, le roi Charles VII est battu par les Anglais et les Bourguignons à Cravant.

1424 : le 17 août, nouvelle défaite de Charles VII à Verneuil-sur-Avre.

1428 : les Anglais et les Bourguignons attaquent Orléans.

1429 : le 8 mars, Jeanne d'Arc, qui a entendu des

voix dans son village de Donrémy lui enjoignant de délivrer le royaume de la présence anglaise et de faire sacrer Charles VII à Reims, vient à Chinon et identifie le roi sans l'avoir jamais vu.

1429 : Jeanne galvanise le courage des soldats de Charles VII, les conduit à Orléans, qui est délivrée du siège anglais le 8 mai. Plusieurs autres victoires sur les Anglais ouvrent à Charles VII la route de Reims où il est sacré le 17 juillet.

1430 : le 24 mai, Jeanne est capturée par les Bourguignons qui assiègent la ville de Compiègne. Charles VII pourrait intervenir, mais il ne le fait pas, préférant en toute occasion la négociation à l'affrontement armé.

1431 : à partir du 21 février, le procès de Jeanne d'Arc se déroule à Rouen. Elle est condamnée au bûcher et brûlée vive sur la place du marché, le 30 mai. Ses cendres sont dispersées dans la Seine.

1431 : le 16 décembre, le petit roi d'Angleterre, Henri VI, est couronné roi de France. Cette souveraineté ne plaît pas aux Français.

1436 : le 13 avril, Philippe le Bon, le Bourguignon, et Charles VII, l'Armagnac, enfin réconciliés, entrent dans Paris qu'ils ont libérée de la présence anglaise.

Jacques Cœur

Jacques Cœur est le fils d'un pelletier. Il est né à Bourges avec le don de la finance. Par son mariage, il entre au service de Charles VII qui remarque ce jeune homme aux méthodes d'enrichissement astucieuses, souvent à la limite de l'honnêteté. Mais qu'importe : Charles VII a besoin de beaucoup d'argent. Jacques Cœur va lui fournir des sommes astronomiques en développant, notamment à partir de 1439, le commerce avec le Levant (il importe épices, soie, coton et exporte drap, bois, armes...). Jacques Cœur devient si riche qu'il finance lui-même la reconquête normande et devient – peut-être – l'amant d'Agnès Sorel. Il faut dire que les mauvaises langues des jaloux font leur œuvre. Au point qu'il est arrêté en 1451. Emprisonné, torturé, il s'évade, rejoint le pape, part combattre les Turcs et meurt à Chio en 1455.

1450 : le 15 avril, Charles VII remporte une victoire décisive contre les Anglais à Formigny, entre Isigny et Bayeux.

1453 : le 17 juillet, à Castillon, près de Libourne,

les Anglais sont écrasés (la ville porte, depuis, le nom de Castillon-la-Bataille). Trois mois plus tard, Bordeaux revient au royaume de France. La guerre de Cent Ans est terminée.

La fin du Moyen Âge

On considère que le Moyen Âge se termine en 1453, après la dernière bataille de la guerre de Cent Ans, mais aussi après la prise de Constantinople par les Turcs le 29 mai de la même année, provoquant l'arrivée en Italie de nombreux savants qui ont sauvé quantité de manuscrits grecs et latins.

1461 : le 22 juillet, Charles VII meurt à 58 ans d'un abcès dentaire, persuadé que son fils l'a fait empoisonner. Ce fils peu aimé, Louis XI, devient roi à 38 ans.

Louis XI, le mal aimé

Voltaire, Walter Scott, Victor Hugo, Alexandre Dumas... On ne sait trop pourquoi ces écrivains se sont acharnés à déformer l'image du roi Louis XI, le transformant en lugubre personnage machiavélique et cruel, alors que, habile politique, organisateur hors pair, unificateur du royaume, il a réalisé en un règne de vingt-deux ans ce qui eût pu encore prendre des siècles ! Bien sûr, son apparence physique n'est guère flatteuse – on pourrait le prendre pour un vagabond –, bien sûr, il n'est pas toujours tendre avec ses proches, allant même jusqu'à gifler Agnès Sorel, la maîtresse de son père, afin de venger Marie d'Anjou, sa mère humiliée ; bien sûr, son action politique est parfois tortueuse ; mais quelle intelligence remarquable, quelle habileté avec le Téméraire, quelle patience pour démembrer la Bourgogne ! Alors, Voltaire, Hugo, Dumas, pourquoi ?...

1468 : du 9 au 15 octobre, se déroule à Péronne une entrevue entre Louis XI et Charles le Téméraire, devenu duc de Bourgogne à la mort de son père Philippe le Bon le 14 juin 1467. Louis dit vouloir éviter la guerre, mais il a envoyé en Flandre des émissaires chargés de provoquer un soulèvement. Charles l'apprend et décide de tuer Louis, mais finalement, il se contente de l'humilier en l'emmenant à Liège et en lui faisant clamer : « Vive la Bourgogne ! » La Bourgogne, l'ennemie de Louis…

1472 : au mois de juin, les Bourguignons assiègent Beauvais. Mais une femme, Jeanne Laisné, plus téméraire que le Téméraire, les met en déroute car, raconte sa légende, elle s'est armée d'une hachette, galvanisant le courage de ses compatriotes. Depuis, on la connaît sous le nom de

Jeanne Hachette.

1475 : le 29 août, Louis XI signe la paix avec Édouard IV d'Angleterre, lui offrant près de 100 000 écus d'or, plus une rente annuelle… Charles le Téméraire se trouve dès lors sans l'appui traditionnel de l'Anglais.

1477 : le 5 janvier, Charles le Téméraire est tué en combattant sous les murs de Nancy. Il est retrouvé plusieurs jours plus tard, à moitié dévoré par les loups.

1483 : après avoir réuni au domaine royal les comtés d'Anjou, du Maine, de Provence, après avoir obtenu de Maximilien d'Autriche la Picardie et la Bourgogne, Louis XI, qui a réalisé enfin l'unité du royaume, s'éteint le 30 août.

1483 : 13 ans, malingre, taciturne, emporté, agité de mouvements convulsifs, petit (mais il va faire le maximum !), le jeune Charle VIII devient roi de France le 1er septembre. C'est Anne de Beaujeu, sa sœur, qui va gouverner en attendant que Charles grandisse un peu.

1491 : le 6 décembre, Charles VIII épouse Anne de Bretagne,15 ans – il en a 22. Anne est la fille du duc François II, mort de chagrin après sa défaite contre le roi de France, à la bataille de Saint-Aubin-du-Cormier, le 26 juillet 1488. La Bretagne entrera définitivement dans le domaine royal en 1532.

Charles VIII et le rêve d'Italie

Charles VIII nourrit un rêve : l'Italie ! Afin qu'aucun monarque ne l'empêche de le réaliser, il fait la paix, à prix d'or, avec Maximilien d'Autriche, le roi Ferdinand d'Aragon et le roi d'Angleterre (auquel il donne 750 000 écus d'or !). Ainsi, à la mort du roi de Naples Ferdinand Ier, en 1494, Charles VIII se déclare son successeur – le roi de France a été désigné héritier du royaume de Naples en 1480 par René d'Anjou. À la tête d'une armée de 30 000 hommes, le roi Charles VIII est acclamé à Florence, à Rome, à Naples où il est ceint de la quadruple couronne : France, Naples, Constantinople et Jérusalem ! Cependant, sous l'impulsion du pape, se constitue la ligue de Venise, qui provoque l'expulsion de Charles VIII et d'une partie de ses troupes. Le roi est vaincu mais il revient d'Italie ébloui par le luxe qu'il a découvert et qui va se répandre en France.

1498 : le 7 avril, alors qu'il passe dans une galerie du château d'Amboise, Charles VIII heurte le linteau d'une porte. Le choc est si violent qu'il en meurt peu après.

1498 : Charles VIII n'ayant pas de fils, son cousin le duc d'Orléans lui succède sous le nom de Louis XII. Il est sacré à Reims le 27 mai. Ce sera le seul représentant des Valois-Orléans.

1499 : le 8 janvier, Anne de Bretagne épouse Louis XII parce que le traité signé par son père François II et Charles VIII l'y oblige – mais aussi parce que Louis XII l'aime et que cet amour est partagé. Anne a 23 ans, Louis en a 37.

Dans le monde : nos voisins explorateurs

Parti du sud de l'Espagne le 3 août 1492, Christophe Colomb débarque sur les côtes des Bahamas le 12 octobre de la même année, persuadé qu'il a atteint l'empire du Levant. Le 22 novembre 1497, Vasco de Gama double le cap de Bonne-Espérance. Il atteint Calicut, sur la côte des Indes, en mai 1498. En 1499 et 1501, Amerigo Vespucci explore les côtes de terres inconnues dans l'hémisphère Sud et en fait un récit traduit par le cartographe allemand Waldseemüller. Celui-ci propose de nommer ces nouvelles terres Amérique – nom tiré du prénom Amerigo – en hommage à Vespucci.

XVIe SIÈCLE

1506 : au mois de mai, les états généraux, réunis à Tours, offrent à Louis XII le titre de Père du peuple. Pour quelle raison ? Parce que le souci constant de Louis est de soulager la misère de ceux dont il a la charge. Pour ce faire, il a fait baisser les impôts et amélioré le fonctionnement de la justice.

1514 : après avoir vainement guerroyé en Italie pendant des années pour conquérir le Milanais et le royaume de Naples, tantôt aux côtés du pape, tantôt contre lui, Louis XII devient veuf : le 9 janvier, Anne de Bretagne meurt à Blois de la gravelle (calculs rénaux).

1515 : le 1er janvier, Louis XII meurt. Il s'était remarié, en octobre 1514, à la ravissante Marie Tudor, 16 ans, sœur du roi Henri VIII d'Angleterre.

1515 : les caisses du royaume étant à sec à cause des guerres d'Italie menées par Louis XII, François Ier, son successeur, premier Valois-Angoulême, décide d'envahir le fort riche Milanais, accompagné de 40 000 soldats ! Il bat les mercenaires suisses du pape Jules II à Marignan le 14 septembre.

Bayard, qui êtes-vous ?

Au soir de la victoire de Marignan, le roi François Ier demande à Bayard de l'armer chevalier. Qui est Bayard ? C'est un chef militaire plein d'audace, né en 1473 près de Grenoble. Il s'est illustré à la bataille de Fornoue, en 1495, sauvant Charles VIII d'une mort certaine. Pour cette conduite héroïque, il est devenu chevalier à 22 ans ! Sa carrière ensuite n'a été qu'une succession d'actes de bravoure – notamment à Marignan. Cette carrière se termine au combat : à la bataille de Rebec, près de Milan, le 30 avril 1524, une pierre d'arquebuse lui brise la colonne vertébrale. Transporté sous un arbre, celui qu'on appelait « le chevalier sans peur et sans reproche » rend le dernier soupir face à l'ennemi, ainsi qu'il l'avait demandé.

1516 : le 18 août, François Ier signe avec le pape un concordat qui ne sera supprimé qu'à la Révolution de 1789 et qui lui donne les pleins pouvoirs sur l'Église de France.

1520 : le 7 juin, près de Calais, François Ier accueille Henri VIII d'Angleterre dans un camp constitué de mille tentes de toiles tissées d'or et d'argent : le camp du Drap d'or. François Ier veut convaincre Henri VIII de faire alliance avec la France. Mais Henri VIII préférera, peu de temps après, s'allier à l'empereur Charles Quint, afin d'isoler la France.

Dans le monde : le grand tour

En 1519, Magellan entreprend le premier tour du monde. Mais il meurt assassiné aux Philippines en 1521. Son lieutenant Sebastian Elcano rentre en Espagne en 1522 avec un seul navire sur les cinq engagés dans cette aventure.

1525 : afin de récupérer le duché de Milan d'où les Français viennent d'être chassés, François Ier franchit de nouveau les Alpes et affronte les Espagnols de Charles Quint devant Pavie, le 24 février 1525. Presque gagnée dans un premier temps par les Français, la bataille se termine en désastre pour François Ier qui est fait prisonnier par les Espagnols. Emprisonné près de Valence, il n'est libéré qu'en 1526. François Ier et Charles Quint se réconcilient en 1529, en signant la paix de Cambrai.

1534 : le 15 août, en l'église de Montmartre, un religieux espagnol, Ignace de Loyola, fonde l'ordre des jésuites. Cette même année, dans la nuit du 17 au 18 octobre, des placards (affichettes) d'inspiration luthérienne – protestante – sont affichés jusque dans la chambre du roi.

Protestants, catholiques, quelles différences ?

Pour les protestants, les Écritures saintes (la Bible) sont les seules sources pour découvrir les vérités de la foi. Pour les catholiques, l'interprétation des écritures est placée sous l'autorité de l'Église catholique.

Trois sacrements sont reconnus par les protestants : le baptême, la pénitence et l'eucharistie. Pour les catholiques, les sacrements sont au nombre de sept : le baptême, la pénitence, l'eucharistie, la confirmation, le mariage, l'extrême-onction, l'ordre (ordination des prêtres).

Les protestants refusent la transsubstantiation (présence réelle du corps et du sang du Christ après la consécration du pain et du vin). Pour les catholiques, la transsubstantiation se réalise dans l'eucharistie (au cours de la messe).

Pour les protestants, le Salut dans l'au-delà s'obtient par la foi seule et non par les œuvres (charité, pratiques pieuses). Pour les catholiques, le Salut s'obtient par la foi et les œuvres charitables auprès du prochain.

Les protestants rejettent l'autorité du pape. Les catholiques, eux, la reconnaissent.

1539 : le 10 août est signée l'ordonnance de Villers-Cotterêts instituant le français comme langue du pouvoir royal, de l'administration, de la politique, de la littérature et des registres où devront être consignés, dans chaque paroisse, les baptêmes et les enterrements.

Du Bellay, Ronsard...

Du Bellay (1522-1560) et Ronsard (1524-1585) renouvellent la langue française en inventant des termes à partir du grec et du latin, ou bien en puisant dans la langue des ouvriers, en utilisant des mots du terroir. Dans *Pantagruel* (1532) et *Gargantua* (1535), ou dans le *Tiers Livre* (1546), François Rabelais se montre aussi un génial inventeur de mots nouveaux. Michel Eyquem de Montaigne publie ses *Essais* à partir de 1580. Quelques décennies plus tard, le poète François de Malherbe (1555-1628) devra faire une sélection sévère parmi les centaines de termes inventés au XVIe siècle.

1547 : le 31 mars, le roi François Ier meurt à 53 ans. Son fils Henri II lui succède. Il a 28 ans et peu de points communs avec son père qui aimait la fête et le faste dans les châteaux de la Loire qu'il a fait construire. Un partage, cependant : celui de leur maîtresse commune, la belle Diane de Poitiers, née en 1499. Henri II a épousé le 28 octobre 1533 la nièce du pape, une Florentine qui appartient à la famille la plus riche d'Europe : Catherine de Médicis.

1559 : après avoir guerroyé contre Charles Quint, puis contre Philippe II d'Espagne, Henri II signe en mars et avril avec l'Angleterre et l'Espagne le traité de Cateau-Cambrésis : la France renonce à la plupart de ses conquêtes, à ses prétentions sur l'Italie, mais elle conserve Calais, et les trois évêchés de Metz, Toul et Verdun. Le roi se prépare à mettre en œuvre une politique extrêmement sévère contre les protestants.

1559 : le 30 juin, Henri II est grièvement blessé à la tête lors d'un tournoi. Il meurt le 10 juillet, malgré les soins d'Ambroise Paré. Son fils, François II devient roi à 16 ans. Il a pour épouse la ravissante Marie Stuart, future reine d'Écosse, exécutée sur l'ordre de la reine d'Angleterre en 1587. La reine Catherine de Médicis assure la conduite du pouvoir, aidée par les oncles de Marie Stuart, les Guises, farouches opposants aux protestants.

1560 : le complot des protestants qui voulaient enlever François II est découvert. Les cent conjurés sont pendus au balcon du château d'Amboise.

1560 : le jeune roi François II meurt d'une mastoïdite aiguë ou d'une méningite le 5 décembre. Son frère Charles IX lui succède.

Calvin l'austère

En 1564 meurt à Genève Jean Calvin. Il était né à Noyon en 1509 – l'année où Henri VIII, fondateur en 1534 de l'anglicanisme (à mi-chemin entre le catholicisme et le protestantisme) devient roi d'Angleterre. Calvin, soutenu par Marguerite d'Angoulême, sœur de François Ier, tente de faire entrer en France les idées religieuses du moine réformateur allemand Martin Luther. Ainsi naît le calvinisme, doctrine exigeante et austère que Calvin applique d'une main de fer dans la ville de Genève où il s'est réfugié. En France, le calvinisme séduit de grandes familles – les Condés, les Bourbons – mais aussi les élites, les bourgeois, les aristocrates désargentés, les artisans, les négociants, les juristes, les médecins, beaucoup de gens d'Église... Ceux-ci y découvrent une réponse à leurs attentes en matière de spiritualité, satisfaits de se trouver à l'écart de certains excès de l'Église catholique, de l'ignorance de son clergé et de ses exigences financières...

1572 : depuis dix ans, les catholiques et les protestants s'affrontent. Malgré les tentatives de conciliation du chancelier Michel de l'Hospital, en 1562, s'est déroulée la première guerre de religion après le massacre de Wassy, terminée en 1563 par la fragile paix d'Amboise. Après une deuxième guerre en 1567-1568, la troisième conduit au massacre de la Saint-Barthélémy : dans la nuit du 24 août 1572, des milliers de protestants sont passés au fil de l'épée par les catholiques. La première victime est l'amiral Gaspard de Coligny, chef des protestants.

1574 : le roi Charles IX expire le 30 mai. Son frère, Henri d'Anjou, devenu roi de Pologne, rentre en hâte de Varsovie pour monter sur le trône de France.

1588 : Henri de Guise, chef du parti catholique, semble triompher de ses adversaires protestants. On le surnomme le roi de Paris, et il rêve de devenir roi de France. Mais Henri III, qui a fait alliance avec le chef des protestants Henri de Navarre – le futur Henri IV –, fait assassiner Henri de Guise au château de Blois.

1589 : le 1er août, le moine Jacques Clément assassine Henri III qui meurt le lendemain. C'est le dernier des Valois. Sa succession est flottante jusqu'en 1594 – catholiques et protestants n'ayant pas remporté de victoire décisive.

1594 : converti au catholicisme en 1593, Henri de Navarre, chef des protestants, est sacré roi dans la cathédrale de Chartres le 27 février 1594. Le 22 mars, il fait une entrée triomphale dans Paris – qui « vaut bien une messe », selon la phrase qu'il n'a sans doute jamais prononcée.

1598 : l'édit de Nantes est accordé aux protestants.

Ce que dit l'édit

Après sept guerres de religion en trente-six années d'affrontements entre catholiques et protestants, l'édit de Nantes, signé le 13 avril 1598, ramène la paix dans une France quasiment exsangue. L'édit de Nantes précise notamment que la liberté de conscience est étendue dans tout le royaume, sauf à Paris et dans une grande partie de la Bretagne. Il précise aussi que les réformés ne seront pas privés de leurs droits civils. De plus, cent cinquante lieux de refuge leur sont accordés, dont cinquante et une places de sûreté ; celles-ci pourront être défendues par une armée potentielle de 30 000 soldats. Enfin, une dotation de 45 000 écus est prévue pour le traitement des pasteurs protestants.

1610 : le 14 mai, Henri IV est assassiné par Ravaillac. La France pleure son bon roi Henri, celui qui, avec l'aide de ses conseillers Sully, Barthélémy de Laffemas ou Olivier de Serres, a réussi à rendre l'agriculture prospère, à redresser l'économie grâce à la pratique du mercantilisme : produire en France, exporter beaucoup, importer peu. Louis, fils d'Henri IV, devient Louis XIII, mais, trop jeune – il n'a que 9 ans – il confie la régence à sa mère, Marie de Médicis.

Dans le monde : fondation de Québec, de Montréal

En 1608, Samuel de Champlain, géographe royal, fonde la première colonie française d'Amérique du Nord, l'Acadie – aujourd'hui la Nouvelle-Écosse – cédée à l'Angleterre en 1713, ainsi que la ville Québec. En 1642, le 18 mai, les Français Paul de Chomedey de Maisonneuve et l'infirmière Jeanne Mance fondent la ville de Montréal – le site avait été exploré en 1535 par Jacques Cartier.

1617 : le 24 avril, Concini, un comte italien promu maréchal de France et conseiller d'État par Marie de Médicis, et qui cautionne la volonté de la reine de se rapprocher de l'Espagne, est assassiné sur l'ordre du jeune roi Louis XIII en entrant au Louvre. Le 8 juillet, Léonora Galigaï, épouse de Concini, est décapitée puis brûlée en place de Grève.

1624 : le 13 août, Richelieu devient chef du conseil royal. Il veut restaurer l'autorité du roi, affirmer la force de l'État et faire de la France le pays le plus puissant et le plus respecté en Europe. Pour commencer, il faut réduire l'importance prise à l'intérieur du royaume par les protestants qui constituent, selon Richelieu, « un État dans l'État ».

1628 : le 28 octobre, la place forte protestante de La Rochelle, soutenue par les Anglais et assiégée depuis 1627 par Richelieu, capitule. Sur 28 000 habitants, il n'y a que 5 500 survivants.

1629 : le 28 juin est signée la paix d'Alès : la liberté de culte demeure octroyée aux protestants. Mais les places fortes qui leur avaient été accordées par l'édit de Nantes sont démantelées, leurs fortifications sont rasées.

1630 : le 10 novembre, les partisans de Marie de Médicis pensent avoir obtenu de la mère du roi la disgrâce de Richelieu qui refuse la paix avec l'Espagne et les Habsbourg dont il craint les volontés de conquête. Déjà, on prépare l'exécution de Richelieu, mais le lendemain, Louis XIII réaffirme sa confiance totale à son principal ministre. Ce 10 novembre est appelé « la journée des Dupes ».

1642 : après avoir mené une politique dominée par l'accroissement des impôts afin de financer la guerre contre l'Espagne, Richelieu s'éteint le 4 décembre. Il est remplacé dès le lendemain par le cardinal Jules Mazarin que Richelieu avait rencontré – et apprécié – à Lyon en 1630.

1643 : Louis XIII meurt le 14 mai. Son fils – Louis XIV – n'a que 5 ans. La reine Anne d'Autriche va assurer la régence du royaume, en compagnie de Jules Mazarin.

1648 : le traité de Westphalie met fin à une guerre de religion européenne qui a opposé les catholiques et les protestants – la France de Richelieu y ayant pris part à partir de 1635. La victoire la plus éclatante de cette guerre, côté français, a été remportée à Rocroi le 19 mai 1643 par le duc d'Enghien

– plus tard appelé le Grand Condé – contre les Espagnols qui tentaient d'envahir la France.

La Fronde et les frondeurs (1648-1652)

Depuis 1648, la révolte gronde contre le pouvoir conjoint de Mazarin et Anne d'Autriche. Cette révolte qu'on appelle « la Fronde » a d'abord été conduite par le Parlement qui n'accepte pas les augmentations d'impôts décidées par Mazarin. C'est ensuite la Fronde des Princes conduite par Condé et Gondi – le futur cardinal de Retz, auteur des *Mémoires.* Ils estiment que leurs ambitions personnelles ne peuvent se réaliser tant qu'Anne d'Autriche fait confiance à Mazarin. En février 1651, apprenant que celui-ci a quitté la capitale, les frondeurs vont jusqu'à séquestrer la reine au Louvre et à pénétrer de force dans la chambre du petit roi terrifié qui, plus tard, devenu le grand Louis XIV, n'oubliera pas cet affront !

1659 : le 7 novembre, après cent ans de guerre, la France et l'Espagne signent le traité des Pyrénées assorti du mariage de Louis XIV avec Marie-Thérèse d'Autriche, la fille du roi d'Espagne, Philippe IV.

1661 : le 6 février, Mazarin meurt. Le 10 mars commence le pouvoir personnel de Louis XIV. Le 5 septembre, le roi fait arrêter Fouquet, partisan des anciens frondeurs, et qui s'était considérablement enrichi en conduisant les affaires financières de Mazarin. Jean-Baptiste Colbert devient surintendant des Finances du royaume. Colbert s'est lui aussi considérablement enrichi dans la gestion des biens de Mazarin dont Louis XIV est le filleul – et le seul héritier d'une fortune estimée à la moitié du budget de la France…

1668 : le traité d'Aix-la-Chapelle met fin à la guerre de Dévolution qui a permis à Louis XIV de conquérir le Brabant, se rapprochant de la Hollande, l'ennemie que Colbert voudrait abattre.

Colbert et le commerce

Poursuivant la politique économique amorcée par Laffemas, Colbert désire lui aussi exporter beaucoup et importer peu. Pour ce faire, il recrute à l'étranger et à prix d'or les meilleurs spécialistes et utilise leur savoir-faire dans les manufactures qu'il crée et soutient financièrement. Ainsi, des produits manufacturés d'excellente qualité sont fabriqués dans le royaume, destinés au commerce intérieur ou à l'exportation. Pour développer le commerce par la mer – et concurrencer les Hollandais et les Anglais – Colbert crée les compagnies maritimes de la Baltique, des Indes orientales. Mais leur financement par actions est un échec : les investisseurs français préfèrent engloutir leur argent dans l'achat des terres.

1679 : le traité de Nimègue met fin à la guerre de Hollande : Louis XIV consolide ses frontières nord et est, acquiert la Franche-Comté et renforce considérablement son prestige, même s'il renonce aux Pays-Bas.

1685 : le 18 octobre, afin de donner à la France une unité religieuse, Louis XIV décide de révoquer l'édit de Nantes que son grand-père Henri IV avait accordé aux protestants. Les dévôts l'y ont encouragé. Le ministre de la Guerre, Louvois, a imaginé un procédé radical pour convertir les récalcitrants, les dragonnades : des soldats pillent et violent jusqu'à ce que les conversions soient obtenues. Cette révocation est un drame immense pour la France qui perd en quelques années des centaines de milliers de commerçants, de banquiers, d'artisans, d'ouvriers, accueillis notamment par les Pays-Bas.

Versailles et les amours du roi

En 1682, le roi Louis XIV et sa cour emménagent au château

de Versailles, en travaux d'agrandissement et de rénovation depuis 1661 – au grand désespoir de Colbert qui doit financer l'entreprise démesurée par rapport au budget dont il dispose. Le roi aime y donner des fêtes afin de divertir les nobles qu'il a connus si prompts à la révolte lors de la Fronde. Versailles est aussi le cadre prestigieux et enchanteur des amours du roi : la reine Marie-Thérèse, avant de mourir en 1683, aura dû supporter la présence de la douce et blonde Louise de La Vallière, de l'intelligente et vive marquise de Montespan, de la duchesse de Fontanges, morte à 20 ans en 1681. Après la mort de la reine, Louis XIV confie son cœur à Françoise d'Aubigné, marquise de Maintenon, qui lui survivra quatre ans. Telles sont les amours officielles du roi Louis XIV – les autres, multiples, clandestines, oubliées, sont innombrables.

1697 : les traités de Ryswick, en octobre, mettent fin à la guerre de la ligue d'Augsbourg – une ligue rassemblant plusieurs pays d'Europe contre la France : Louis XIV restitue toutes les conquêtes qu'il avait faites au détriment des pays voisins – Hollande et Espagne notamment.

1713 : Louis XIV ayant accepté, en novembre 1700, que son petit-fils le duc d'Anjou – Philippe V – devienne le successeur du roi d'Espagne Charles II, l'Europe se coalise de nouveau contre la France. Cette guerre de succession d'Espagne va durer de 1701 à 1713, année de la signature des traités d'Utrecht en Hollande, le 11 avril, qui seront suivis de celui de Rastadt en Allemagne (6 mars 1714) : Philippe V conserve le trône d'Espagne et les colonies américaines. Les Pays-Bas, le Milanais, la Sardaigne et Naples deviennent des possessions autrichiennes. L'Angleterre conserve Minorque et Gibraltar. La France renonce à l'Acadie et à Terre-Neuve.

1715 : le 1er septembre, le roi Louis XIV rend son dernier soupir, après un règne sans partage de cinquante-quatre ans. Dans les dernières années de sa vie, il a perdu son fils – le Grand dauphin – en 1711, son petit-fils – le duc de Bourgogne – et son arrière-petit-fils, le duc de Bretagne, en 1712. Le frère de celui-ci est éloigné de la cour – et des médecins trop zélés… En septembre 1715, à 5 ans, il succède à son arrière-grand-père sous le nom de Louis XV. La régence est assurée par Philippe d'Orléans, le neveu du feu roi.

1715 : le 15 septembre, le Régent rend au Parlement que Louis XIV avait muselé son droit de remontrance – le droit de contester toutes les décisions royales. Le Parlement va en faire bon usage, jusqu'en 1789…

1720 : afin de renflouer les caisses de l'État que Louis XIV a mises à sec, le Régent a accepté qu'un banquier écossais, John Law, mette en œuvre son système qui permet d'échanger l'or contre du papier monnaie garanti par l'État – qui pourra utiliser l'or ainsi disponible pour le faire fructifier. L'immense succès de l'opération provoque une telle spéculation que les épargnants, pris de panique, veulent récupérer leur or. Hélas, trop de billets ont été émis… C'est la ruine pour les épargnants – mais pour l'État, c'est une bonne affaire qui lui a permis de rembourser ses dettes…

1723 : le Régent et le cardinal Dubois, son principal ministre qui a réussi à ramener la paix dans le royaume, meurent tous deux cette année-là ; celui-ci le 10 août, d'un abcès à la vessie, celui-là le 2 décembre, d'une crise d'apoplexie.

1725 : le roi Louis XV épouse Marie Leszczynska, la fille du roi détrôné de Pologne. Il a 15 ans, elle en a 22. Avec l'aide du cardinal de Fleury et du contrôleur général des Finances que celui-ci choisit, Philibert Orry, Louis XV assure la paix et la prospérité à la France dont le budget se trouve équilibré en 1738 – ce qui n'était pas arrivé depuis 1671…

1738 : le 18 novembre est signé à Vienne le traité mettant fin à la guerre de succession de Pologne qui dure depuis cinq ans. Le roi Stanislas ne retrouve pas son trône mais hérite de la Lorraine qui, par la reine Marie, reviendra à la France.

Tous les Acadiens…

L'Acadie – aujourd'hui la Nouvelle-Écosse, au nord-est du Canada – était devenue une possession anglaise au traité d'Utrecht en 1713. La présence des Français – des Tourangeaux – qui l'avaient colonisée cent ans plus tôt était tolérée par les Anglais. Lorsque se déclare la guerre de Sept Ans, ceux-ci décident de déporter les Acadiens. Alors commence le Grand Dérangement : les Acadiens sont dépossédés de tout ce qu'ils ont, poursuivis, traqués, massacrés. Les 15 000 qui survivent sont conduits dans les pires conditions vers les colonies anglaises d'Amérique. Certains s'enfuient vers la Louisiane où ils forment la communauté des Cajuns (déformation d'Acadiens). D'autres sont emmenés à Belle-Île. Au fil des années, beaucoup mourront de misère et de chagrin.

1763 : au traité de Paris qui met fin à la guerre de Sept Ans contre les Anglais et la Prusse, commencée en 1756, la France perd une grande partie de son empire colonial. Les Anglais reprennent possession du Canada, de la vallée de l'Ohio, de la rive gauche du Mississipi, de la Dominique, de Grenade et des îles Grenadines, de l'île de Minorque. L'ouest de la Louisiane est donné à l'Espagne. Cinq comptoirs demeurent français en Inde : Pondichéry, Karikal, Yanaon, Chandernagor et Mahé.

1768 : la Corse devient française. Elle est donnée à la France par la république de Gênes, en paiement d'une dette qu'elle n'a pu honorer. Un an plus tard, le 15 août, y naît, chez les Bonaparte, un enfant prénommé Napoléon…

Louis XV et ses femmes

Comme son arrière-grand-père Louis XIV – et comme tous les Bourbons – Louis XV est très attiré par la gent féminine. D'abord fidèle à la reine Marie, il va collectionner les favorites officielles et bien plus encore les clandestines. Les officielles ont parfois beaucoup influé sur les décisions du roi. Ainsi Jeanne Poisson, qui deviendra la marquise de Pompadour, se montre une farouche adversaire des parlementaires – elle envisage même de faire supprimer les parlements. Amoureuse des arts, elle fait jouer en 1752 l'opéra *Le Devin de village* d'un certain... Jean-Jacques Rousseau (le futur auteur du *Contrat social*) ; elle passe des commandes aux peintres, aux architectes, aux graveurs. Elle fait même nommer Voltaire historiographe du roi ! Peu après sa mort en 1764, elle est remplacée par une autre Jeanne : Jeanne Bécu, la comtesse du Barry, qui périra en 1793 sur l'échafaud !

1771 : lassé par les incessantes remontrances des parlements, Louis XV décide de frapper un grand coup – un coup de majesté. Il ordonne que les parlements soient démantelés, qu'ils n'aient pas plus de pouvoirs qu'une administration ordinaire.

1774 : le 10 mai, le roi Louis XV meurt de la petite vérole – la variole – après un règne qui a duré soixante ans. Son fils, le dauphin Louis, étant mort en 1765, c'est son petit-fils marié en 1770 à Marie-Antoinette d'Autriche qui lui succède sous le nom de Louis XVI. Sa première action politique consiste à remettre en place les parlements – sur le conseil de ses tantes.

Dans le monde : nos voisins américains

À Philadelphie, en 1774, les représentants des treize colonies révoltées contre l'Angleterre rédigent la Déclaration des droits. L'année suivante commence la guerre des Insurgents – les révoltés, commandés par George Washington – contre les Anglais. Le 4 juillet 1776, à Boston, ils adoptent la Déclaration d'indépendance des treize États unis d'Amérique. L'aide militaire des Français La Fayette et Rochambeau leur permet de remporter la victoire décisive de Yorktown le 19 octobre 1781. En 1783, par le traité de Paris, le Royaume-Uni reconnaît l'indépendance des États-Unis d'Amérique. En 1787, la Constitution américaine est votée. George Washington devient le premier président des États-Unis en 1789 – il meurt en 1799.

1776 : Louis XVI renvoie son ministre Turgot qui avait tenté d'instaurer le libre-échange dans le commerce des grains notamment – par la suppression des taxes –, espérant ainsi faire monter les prix, créer la richesse et augmenter la production. Mais les fermiers généraux - chargés du recouvrement des impôts et taxes de toutes sortes dont ils perçoivent une partie – ont raison de lui.

1781 : Necker, qui a remplacé Turgot, appliquant la politique inverse de son prédécesseur – il envisage un strict contrôle du commerce –, est à son tour renvoyé. Il voulait une répartition plus équitable de l'impôt, la réduction des pensions des privilégiés, et l'autorisation d'effectuer de nouveaux emprunts pour soutenir l'économie.

1787 : le successeur de Necker, Calonne, est… renvoyé : les nouveaux emprunts qu'il a pu obtenir des banquiers ont transformé le gouffre financier en abîme. De plus, il voudrait créer un impôt sur le revenu…

1788 : Loménie de Brienne, à qui ont été confiées les finances en piteux état, conseille lui aussi la création d'un impôt sur tous les revenus. Il conseille également d'avoir recours à un emprunt – au montant colossal. Le Parlement déclare n'accepter la proposition de l'emprunt qu'à la condition que les états généraux soient convoqués. Brienne démissionne. Le 26 août, Necker est rappelé. Les états généraux sont convoqués pour 1789.

1789 : le 5 mai, les États Généraux – les députés de la noblesse, du clergé et du tiers état – sont réunis au château de Versailles, dans la salle des Menus-Plaisirs.

Les trois ordres

La noblesse est composée de la noblesse d'épée et de la noblesse de robe. La noblesse d'épée est la plus ancienne, celle qui payait l'impôt du sang en allant guerroyer contre l'ennemi. Elle était dispensée du paiement de tout autre impôt. La noblesse de robe, méprisée par la noblesse d'épée, est composée de bourgeois qui ont fait fortune au point de s'acheter fort cher un office assorti d'un titre.

Le clergé est composé du haut clergé, très riche, où se retrouvent les fils de grandes familles fortunées, et du bas clergé issu du petit peuple pauvre.

Le tiers état est composite : on y trouve tous ceux qui n'appartiennent pas à la noblesse ou au clergé, c'est-à-dire toutes les catégories de la bourgeoisie – la haute bourgeoisie fortunée des marchands, la moyenne bourgeoisie des procureurs, des notaires, des avocats, la petit bourgeoisie des greffiers, des gens de lettres ; mais le tiers état, ce sont aussi les paysans, les artisans, les ouvriers et tout le peuple des miséreux, fort peu représenté aux états généraux...

1789 : le 17 juin, les députés de la noblesse et du clergé refusent de siéger avec ceux du tiers état qui se proclament alors Assemblée nationale, sous l'impulsion de Mirabeau.

1789 : le 20 juin, la salle des Menus-Plaisirs ayant été fermée sur l'ordre de la reine et des princes, les députés du tiers état, auxquels se sont joints plusieurs députés du clergé, s'installent dans une salle où se pratiquait le jeu de paume – ancêtre du tennis – dans la ville de Versailles. Ils décident de *« ne jamais se séparer et de se rassembler partout où les circonstances l'exigeront jusqu'à ce que la Constitution du royaume soit établie et affermie sur des fondements solides »*. C'est le serment du Jeu de Paume, signé par tous les députés présents, sauf un.

1789 : le 9 juillet, l'Assemblée nationale, qui rassemble les trois ordres depuis le 24 juin, se proclame

Assemblée constituante – le pouvoir est désormais entre les mains des députés.

1789 : le 14 juillet, alors que 30 000 hommes en armes se sont massés près de Paris et de Versailles sur l'ordre du roi qui craint des débordements, 1 000 Parisiens s'emparent de la Bastille considérée comme le symbole de l'absolutisme royal, décapitent son gouverneur Launay et libèrent les prisonniers qui s'y trouvent : quatre faussaires, deux fous et deux débauchés.

1789 : dans la nuit du 4 août, les députés décident l'égalité devant l'impôt, l'abolition du système féodal et de tous ses privilèges.

1789 : le 26 août, les députés adoptent la Déclaration des droits de l'homme et du citoyen, préambule à la Constitution, et qui précise les droits de chaque Français. L'article premier précise : « *Les hommes naissent et demeurent libres et égaux en droits.* » Les distinctions sociales ne peuvent être fondées que sur l'utilité commune.

1789 : le 6 octobre, 6 000 Parisiennes affamées viennent à Versailles et conduisent à Paris le roi, la reine et le dauphin – qu'elles surnomment « le boulanger, la boulangère et le petit mitron » – qui, installés au château des Tuileries sous bonne garde, ne reverront jamais Versailles.

1789 : le 2 novembre, les biens du clergé sont mis à la disposition de la Nation.

1790 : le 14 juillet sur le Champ-de-Mars, face à l'École militaire, à Paris, se déroule la fête de la Fédération. 14 000 délégués des gardes nationales des nouvelles municipalités françaises y défilent devant 400 000 personnes. On y acclame le roi et la reine. La Révolution semble terminée.

1791 : le 20 juin, la famille royale s'enfuit, de nuit, vers la frontière, afin de rejoindre l'armée des nobles émigrés qui est prête à tenter une reconquête de la France.

1791 : le 21 juin, les fugitifs sont reconnus et arrêtés à Varennes-en-Argonne. Le 25 juin, la famille royale revient à Paris sous bonne escorte.

1791 : le 17 juillet, la garde nationale, commandée par La Fayette, tire sur les Parisiens venus au Champ-de-Mars réclamer une république.

1791 : le 1er octobre, l'Assemblée constituante laisse la place à l'Assemblée législative.

L'œuvre de la Constituante

- La France est divisée en départements, districts, cantons et communes.
- L'impôt est désormais acquitté par tous les Français. Il comporte trois catégories : la contribution foncière sur le revenu des terres, la contribution mobilière calculée sur la valeur locative des habitations, et la patente perçue sur les revenus de l'industrie et du commerce.
- La presse devient libre.
- Les privilèges féodaux sont abolis.
- Les droits de citoyen sont accordés aux Juifs, aux protestants.
- En matière de justice, l'accusé qui paraît devant ses juges dans les vingt-quatre heures bénéficie de l'assistance d'un avocat, il ne subit plus la torture. Un jury populaire composé de citoyens tirés au sort décide de sa peine.
- Une Cour de cassation est créée afin de vérifier l'application des lois.
- Un code pénal est rédigé, sur le modèle de l'ancien code romain.

- **Le roi ne possède plus que le droit de veto – celui de s'opposer aux décisions de l'Assemblée.**

1792 : le 20 avril, malgré l'opposition de Robespierre, l'Assemblée vote la déclaration de guerre au roi de Bohême et de Hongrie, c'est-à-dire à l'Autriche, soupçonnée de masser des troupes aux frontières afin d'envahir la France et de remettre sur le trône Louis XVI et Marie-Antoinette.

1792 : le 20 juin, 6 000 Parisiens se ruent à l'Assemblée, envahissent les Tuileries au cri de « À bas le veto ! », le roi opposant son veto aux décisions de l'Assemblée.

1792 : au début de juillet, la Prusse entre en guerre contre la France, par solidarité avec l'Autriche. La Patrie est déclarée en danger. Les volontaires sans-culottes (les révolutionnaires qui ne portent pas la culotte, signe de richesse, mais le pantalon à rayures) arrivent de partout afin de partir vers les frontières. Parmi eux, les Marseillais qui entonnent *le Chant de guerre pour l'armée du Rhin* composé trois mois plus tôt, le 24 avril, par Rouget de Lisle. Ce chant devient *La Marseillaise*.

1792 : le 25 juillet, le chef de l'armée prussienne, Brunswick, envoie un manifeste aux Parisiens, les menaçant de piller la capitale s'il est fait le moindre outrage à la famille royale. Le 10 août, les sans-culottes réagissent vivement par l'attaque des Tuileries. Le roi se réfugie à l'Assemblée qui prononce sa suspension. Il est conduit à la prison du Temple avec toute sa famille.

1792 : les 2, 3 et 4 septembre, afin de lutter contre un supposé complot aristocratique, des nobles, de nombreux prêtres réfractaires – ceux qui refusent la Constitution civile du clergé –, ou des petites gens sont tirés de leurs prisons et, après un simulacre de jugement, massacrés à la sortie du tribunal improvisé.

1792 : à Valmy, les 50 000 Français placés sous les ordres de Dumouriez et Kellermann battent les 80 000 Prussiens de Brunswick qui se préparaient à envahir la France.

1792 : le 21 septembre, la Convention – nouvelle assemblée chargée de rédiger une nouvelle Constitution – siège pour la première fois.

1792 : le 22 septembre, un député, Billaud-Varenne, propose de dater les actes publics de l'An I de la République. Pendant un an, les mathématiciens Rome et Monge et le poète Fabre d'Églantine vont créer le calendrier révolutionnaire, exempt de toute référence à la religion.

Le calendrier révolutionnaire

Les mois d'automne (terminaison en aire) : vendémiaire, mois des vendanges (22 septembre - 21 octobre) ; brumaire, mois des brumes (22 octobre - 20 novembre) ; frimaire, mois des frimas (21 novembre - 20 décembre).
Les mois d'hiver (terminaison en ôse) : nivôse, mois de la neige (21 décembre - 19 janvier) ; pluviôse, mois de la pluie (20 janvier - 18 février) ; ventôse, mois du vent (19 février - 20 mars).
Les mois du printemps (terminaison en al) : germinal, mois des germinations (21 mars - 19 avril) ; floréal, mois des fleurs (20 avril - 19 mai) ; prairial, mois des prairies (20 mai - 18 juin).
Les mois d'été (terminaison en idor) : messidor, mois des moissons (19 juin - 18 juillet) ; thermidor, mois de la chaleur (19 juillet - 17 août) ; fructidor, mois des fruits (18 août - 16 septembre).
Les dix jours des décades : primidi, duodi, tridi, quartidi, quintidi, sextidi, septidi, octidi, nonidi, décadi.
Les six jours supplémentaires de fin d'année (ou sans-culottides) : jour de la vertu (17 septembre), jour du génie (18 septembre),

jour du travail (19 septembre), jour de l'opinion (20 septembre), jour des récompenses (21 septembre), jour de la révolution (seulement les années bissextiles).

1793 : le 21 janvier, Louis XVI, 39 ans, est guillotiné. Le 18 janvier, il a été condamné à mort par 361 voix contre 360.

1793 : le 24 février, la Convention décrète la levée en masse de 300 000 hommes, chaque département devant fournir son contingent – la Vendée refuse et se révolte.

1793 : le 6 avril, un Comité de salut public – un gouvernement qui a les pleins pouvoirs – est créé par Robespierre afin d'instaurer ce qu'il appelle « la dictature de la vertu ».

1793 : le 2 juin, les Girondins sont arrêtés – les députés girondins représentant à l'Assemblée la bourgeoisie possédante, industrielle et commerçante, partisans d'une France décentralisée. Ils s'opposent aux Montagnards, ainsi nommés parce qu'ils siègent sur les plus hauts degrés de l'Assemblée. Les Montagnards, dont les chefs de file sont

Robespierre et Danton, défendent l'idée d'une France centralisée autour de Paris et d'un commerce étroitement encadré. Les Girondins seront guillotinés le 31 octobre.

1793 : le 24 juin, la Constitution de l'an I de la république est proclamée.

1793 : Robespierre met la Terreur « à l'ordre du jour ».

Charlotte Corday assassine Marat

Partie le 9 juillet 1793 de Caen où elle vit, une jeune fille de 25 ans, Charlotte Corday – Marie-Anne-Charlotte de Corday d'Armont, arrière-petite-nièce de Pierre Corneille –, arrive à Paris le 13 juillet afin de rencontrer celui qu'elle rend responsable des débordements sanguinaires de la Révolution : Jean-Paul Marat. Marat est le créateur du journal *L'Ami du peuple*, où il lance de véritables appels au meurtre contre ceux qu'il juge les ennemis de la Révolution, les députés girondins par exemple, dont certains sont réfugiés à Caen. Émue par les récits des massacres dont ils ont été les témoins, Charlotte Corday s'est procuré un couteau avant de se rendre chez Marat. Il tente de soigner son eczéma purulent en prenant un bain d'eau soufrée lorsqu'elle est introduite auprès de lui. Immédiatement, elle frappe de son couteau le responsable de la terreur révolutionnaire qui meurt presque aussitôt. Arrêtée sur place puis jugée, Charlotte Corday est guillotinée le 17 juillet 1793.

1793 : le 17 septembre est adoptée la loi des suspects, afin d'éliminer tous ceux qui sont soupçonnés d'être des ennemis de la Révolution.

1793 : le 16 octobre, la reine Marie-Antoinette, 38 ans, est guillotinée.

1794 : le 14 mars, Hébert, chef des extrémistes – ou enragés – et ses partisans sont envoyés à l'échafaud. Robespierre les soupçonne d'être manipulés par l'étranger.

1794 : le 5 avril, Georges Danton – le ténor de la Révolution – et ses amis qui demandaient un arrêt de la Terreur sont envoyés à la guillotine.

1794 : le 26 juin, les Autrichiens sont repoussés à Fleurus par les armées de la République.

Robespierre ira loin...

« Robespierre ira loin, il croit tout ce qu'il dit ! » Ainsi Mirabeau ironise-t-il en parlant de Maximilien de Robespierre, né à

Arras en 1758, de petite noblesse. D'abord avocat, cet admirateur de Rousseau qui a toujours dans sa poche un exemplaire du *Contrat social*, devient l'animateur du club des Jacobins puis chef des Montagnards, à la politique centralisatrice. D'abord hostile à la peine de mort dont il avait demandé l'abolition, il la fait appliquer avec rigueur car, affirme-t-il, en période de révolution, ce qui anime la démocratie est « à la fois la vertu et la terreur ; la vertu, sans laquelle la terreur est funeste ; la terreur, sans laquelle la vertu est impuissante ». Afin de combattre le culte de la Raison imaginé par Hébert, il crée la fête de l'Être suprême, sorti tout droit des pages de Rousseau. Cette fête est célébrée pour la première et la dernière fois le 8 juin 1794, au jardin des Tuileries, à peine deux mois avant l'exécution de son inventeur...

1794 : le 25 juillet, André Chénier, le plus grand poète du XVIIIe siècle, est guillotiné pour avoir jugé excessive la Révolution. Le 8 mai avait été exécuté l'un des plus grands savants de tous les temps, Antoine de Lavoisier. Le président du Tribunal révolutionnaire avait affirmé : « La République n'a pas besoin de savants ! »

1794 : le 27 juillet, Robespierre est décrété d'accusation par la Convention. Poursuivi jusqu'à l'Hôtel de Ville où il reçoit un coup de pistolet, il est guillotiné le lendemain.

1795 : le 8 juin, l'enfant du Temple, le jeune fils de Louis XVI et de Marie-Antoinette, Louis-Charles, 10 ans – Louis XVII –, expire dans les bras de l'un des commissaires chargés de le surveiller en sa prison, Lasnes.

Les guerres de Vendée

Au cours de l'été 1793, les soldats de la République – les Bleus – sont envoyés contre les Vendéens, – les Blancs – qui ont refusé la levée en masse de soldats et constitué une armée destinée à lutter contre la Révolution, à protéger les prêtres réfractaires et la religion. Les Vendéens battent les Bleus à Torfou, en septembre, mais le 17 octobre 1793, les Bleus battent les Blancs à Cholet. Ceux-ci – ils sont près de 100 000 – franchissent la Loire et s'en vont alors vers Granville. C'est ce qu'on appelle « la Virée de Galerne » – d'un mot celtique qui désigne le vent du nord-ouest. Ils espèrent le secours des émigrés et des Anglais qui ne viendront pas. Ils se replient sur Angers, sont refoulés vers Le Mans où les Bleus de Marceau les écrasent. Le reste repart vers Savenay – en Loire-Atlantique – où Kléber, Marceau et Westermann les achèvent le 23 décembre. Jusqu'en mai 1794, la Vendée va être parcourue par les

Colonnes infernales de Turreau qui vont brûler, détruire, piller, assassiner les populations dans des conditions atroces. En février 1795, une paix temporaire est signée avec Charette. Mais le 27 juin 1795, des émigrés et des Anglais débarquent à Quiberon, aidés par les chouans – combattants du nord de la Loire – de Georges Cadoudal. Les 16 et 17 juillet 1795, les chouans et leurs alliés sont battus. Les 751 prisonniers sont condamnés à mort et exécutés. Stofflet et Charette sont arrêtés et fusillés. Les guerres de Vendée ont fait 150 000 morts.

1795 : le 26 octobre, la Convention est remplacée par un nouveau gouvernement composé de cinq directeurs : le Directoire.

1796 : le 15 mai, Bonaparte fait son entrée dans Milan en libérateur. Il a battu les Autrichiens à Lodi, il va les battre à Arcole le 16 novembre.

1797 : le 17 octobre, Bonaparte contraint les Autrichiens qu'il tient en échec – il les a battus notamment à Rivoli, le 14 janvier – à signer le traité de Campoformio. Ce traité permet à Bonaparte de renflouer les caisses du Directoire et à la France de recevoir la Belgique, le Milanais, la Lombardie, la rive gauche du Rhin jusqu'à Cologne, les Îles

Ioniennes.

1798 : le 19 mai, Bonaparte part de Toulon pour l'Égypte, avec une armée de 54 000 hommes.

1798 : le 21 juillet, près des Pyramides, les mamelouks sont battus par Bonaparte qui entre au Caire deux jours plus tard.

1799 : après avoir laissé le 22 août le commandement de l'armée d'Égypte à Kléber, Bonaparte revient en France et prépare un coup d'État qui renverse le Directoire le 19 brumaire – le 10 novembre. Une commission exécutive provisoire est nommée, composée de trois consuls.

1799 : le 13 décembre, une nouvelle Constitution est proclamée – la Constitution de l'an VIII –, qui fait de Bonaparte le Premier Consul. Elle sera plébiscitée le 7 février 1800 par plus de 3 millions de voix pour et 1 500 voix contre.

XIXe SIÈCLE

1800 : le 13 février, une association de banquiers fonde la Banque de France – ce n'est encore qu'une société privée par actions. Le 17 février, le gouvernement décide de nommer un préfet par département, un sous-préfet par arrondissement et un maire par commune, assisté d'un conseil municipal.

1800 : après avoir franchi les Alpes, Bonaparte et Lannes surprennent et vainquent les Autrichiens à Montebello, en Italie, le 8 juin, puis à Marengo, le 14 juin.

1800 : le 24 décembre, rue Saint-Nicaise, une machine infernale explose au passage du cortège de Bonaparte qui se rend à l'opéra. Cet attentat fait quatre morts et soixante blessés. Le Premier Consul est indemne. Les auteurs, deux royalistes, sont arrêtés et exécutés le 20 avril 1801.

1801 : le 16 juillet, le Premier Consul signe un concordat avec le pape Pie VII : le catholicisme est reconnu pour la religion pratiquée par la majorité des Français. Le Premier Consul nomme les évêques et le pape leur donne l'investiture canonique. Un salaire est accordé aux évêques et aux curés.

1802 : le 25 mars, la France est en paix après le traité d'Amiens signé avec l'Espagne, la Hollande et l'Angleterre.

1802 : le 19 mai, la Légion d'honneur est instituée.

1802 : le 2 août, Bonaparte est proclamé consul à vie.

1803 : le 17 avril, Toussaint Louverture, chef de la révolte contre les planteurs blancs de Saint-Domingue, qui a chassé de son île les Anglais et les Espagnols et organisé de façon remarquable son territoire, meurt de chagrin au fort de Joux, dans le Doubs, où Bonaparte l'a fait emprisonner parce que cette réussite lui fait de l'ombre.

1803 : le 30 avril, la Louisiane est vendue aux États-Unis pour quatre-vingts millions – le sacre de l'Empereur se prépare…

1804 : Georges Cadoudal, le chef de la chouannerie bretonne, qui attendait son heure en Angleterre, revient en France à l'annonce de la paix d'Amiens. Dénoncé, il est arrêté le 9 mars et guillotiné le 28 juin, non sans avoir reçu des propositions de Bonaparte qui espérait en faire un chef militaire à son service.

1804 : le 21 mars, le duc d'Enghien est exécuté dans les fossés du château de Vincennes. Cet ultime descendant des Condés était soupçonné à tort de vouloir provoquer un soulèvement général en France.

1804 : le 2 décembre, Bonaparte devient l'empereur Napoléon Ier. Il pose lui-même sa couronne sur sa tête, en présence du pape Pie VII, puis il couronne Joséphine, son épouse depuis le 9 mars 1796.

Les cinq coalitions contre Napoléon

(Les deux premières se sont constituées contre la France révolutionnaire, en 1793-1795, et 1798-1799.)

Troisième coalition (1804-1805) : Angleterre, Autriche, Naples, Suède, Russie.

Quatrième coalition (1806-1807) : Angleterre, Prusse, Suède, Russie.

Cinquième coalition (1808-1809) : Angleterre, Autriche.

Sixième coalition (1813-1814) : Angleterre, Autriche, Prusse, Suède, Russie, bientôt rejointes par les États allemands, membres de la Confédération du Rhin.
Septième coalition (1815) : Angleterre, Autriche, Prusse, Suède, Russie.

1805 : le 21 octobre, l'amiral Nelson, à la tête de la flotte anglaise, attaque la flotte française commandée par Villeneuve au large des côtes espagnoles, près du cap Trafalgar. L'audace de sa manœuvre – le coup de Trafalgar – lui permet d'obtenir une victoire totale, mais il y perd la vie.

1805 : ayant abandonné le projet d'envahir l'Angleterre, Napoléon a conduit ses troupes – la Grande Armée – d'abord à Ulm où il a vaincu les forces autrichiennes du général Mack le 20 octobre ; puis à Vienne le 13 novembre ; et enfin dans un tout petit village au nord-est de Vienne, Austerlitz, où, le 2 décembre, il remporte la victoire contre les Autrichiens et les Russes.

Le soleil d'Austerlitz

Parvenu quelques jours avant la bataille dans le village d'Austerlitz (aujourd'hui en République tchèque) avec son armée, Napoléon décide de se retirer afin de laisser aux Autrichiens de l'empereur François II et aux Russes du tsar Alexandre Ier l'avantage d'un plateau sur lequel ils pourront s'installer : le plateau de Pratzen. Par cette stratégie, Napoléon veut faire croire à ses adversaires que son armée est épuisée et qu'il prépare un mouvement de retraite. Mais ce qu'il espère surtout, c'est que, au matin du 2 décembre 1805, les Austro-Russes vont descendre le plateau de Pratzen en étirant suffisamment leurs rangs pour qu'une attaque de ses troupes les divise et les vainque par surprise. Ce plan se réalise d'autant plus facilement que le soleil matinal dissipe pendant quelques instants l'épaisse brume qui baigne le site de la bataille, informant Napoléon que la manœuvre des Austro-Russes est exactement celle qu'il avait prévue... À 16 heures, la bataille des trois empereurs – Napoléon (le vainqueur), François II, Alexandre Ier – est terminée. Le bronze des canons pris à Austerlitz a servi à ériger la colonne Vendôme à Paris.

1806 : la Confédération du Rhin – qui préfigure une certaine grande Allemagne – est créée par Napoléon le 12 juillet, en même temps que le Saint Empire romain germanique, vieux de huit cents ans, est dissous.

1806 : une nouvelle coalition s'étant formée contre

la France, Napoléon affronte et bat l'armée prussienne à Iéna et Auerstaedt, en Allemagne orientale, le 14 octobre. Le 27 octobre, Napoléon fait son entrée dans Berlin.

1806 : le 21 novembre, le blocus continental est décrété contre l'Angleterre : tout commerce est interdit avec les îles Britanniques.

1807 : le 8 février, près du village d'Eylau, non loin de Königsberg, la Grande Armée rencontre les troupes russes. Au soir de la bataille qui fait plus de 40 000 morts, la victoire est indécise, bien que, dans la lettre qu'il écrit à Joséphine le soir même, Napoléon se déclare le vainqueur.

1807 : le 14 juin, les Russes sont vaincus par Napoléon à Friedland, au sud de Königsberg.

1807 : le 25 juin, les deux empereurs se rencontrent sur un radeau aménagé au milieu du fleuve Niémen, à Tilsit. Le roi de Prusse se joint à eux le lendemain. La paix semble gagnée lors de la signature des traités, les 7 et 9 juillet.

1808 : au mois d'avril, Napoléon oblige le roi d'Espagne Charles IV à laisser son trône à Joseph Bonaparte, son frère. Le 2 mai – *dos de Mayo* – les Espagnols se soulèvent. La répression conduite par Murat est terrible.

1809 : Napoléon fait face à la cinquième coalition. Le 22 avril, les Autrichiens sont défaits à Eckmühl. Après l'indécise bataille d'Essling, le 22 mai, au cours de laquelle le maréchal Lannes est blessé à mort, Napoléon vainc de nouveau les Autrichiens, à Wagram, les 5 et 6 juillet. L'armistice est signé le 12 juillet.

1810 : après avoir divorcé de Joséphine qui ne lui donnait pas d'héritier, Napoléon épouse Marie-Louise d'Autriche le 2 avril, au Louvre.

1811 : le 20 mars, cent coups de canon annoncent la naissance de Napoléon-François-Joseph-Charles, fils de l'empereur Napoléon Iᵉʳ et de l'impératrice Marie-Louise. Celui qu'on appellera « l'Aiglon » est déjà, en naissant, roi de Rome.

1812 : les six ou sept cent mille hommes composant

la Grande Armée partent au mois de juin vers la Russie, le tsar Alexandre Ier n'ayant pas respecté le traité de Tilsit. Le 7 septembre, les troupes de Napoléon affrontent celles des Russes à Borodino, près de la rivière Moskova, à cent cinquante kilomètres de Moscou. De six heures du matin à trois heures de l'après-midi, 51 000 Russes et 30 000 Français périssent sur le champ de bataille le plus meurtrier des campagnes napoléoniennes.

1812 : le 14 septembre, Napoléon est dans Moscou, ville déserte et en flammes – les Russes ont fui dans les plaines environnantes. L'Empereur attend qu'Alexandre se décide à signer la paix, mais celui-ci demeure silencieux, invisible. Napoléon donne l'ordre de retraite à son armée qui va affronter le terrible hiver russe sans s'y être préparée, poursuivie par les troupes russes. Du 26 au 28 novembre, des ponts sont installés sur un passage à gué traversant la rivière Bérézina – au prix du sacrifice de dizaines de pontonniers. La Bérézina est franchie dans des conditions dramatiques. Cette retraite de Russie fait près de 400 000 morts.

1813 : à Leipzig, la sixième coalition rassemble un

million d'hommes auxquels l'armée de Napoléon fait face avec ses 500 000 soldats. Le 18 octobre, sous la canonnade ennemie nourrie, Napoléon doit donner à ses troupes l'ordre de retraite. Il vient de perdre ce qu'on a appelé la « bataille des nations ». Les alliés ne vont pas s'arrêter en si bon chemin. Ils se dirigent vers la France afin de vaincre l'Empereur.

1814 : malgré les multiples victoires remportées lors de la campagne de France – Champaubert, Montmirail, Montereau –, les troupes coalisées occupent Paris, et Napoléon doit signer son abdication sans condition le 6 avril. Il est envoyé à l'Île d'Elbe dont il devient le souverain. Le 3 mai, Louis XVIII, frère de Louis XVI, fait son entrée à Paris. Le 4 juin, il publie la Charte – ou Constitution – de soixante-quatorze articles où les acquis de la Révolution et du Consulat sont préservés.

1815 : le 26 février, Napoléon quitte l'Île d'Elbe, trompe la surveillance des Anglais, débarque au Golfe-Juan le 1er mars et arrive à Fontainebleau le 19 mars. Louis XVIII s'enfuit en Belgique. L'aventure des Cent-Jours se termine le 18 juin 1815, au sud de Bruxelles : c'est la défaite de Waterloo.

Waterloo, Waterloo, Waterloo...

À Waterloo, Napoléon doit affronter, avec ses 72 000 hommes, les 68 000 Anglais et Prussiens sous le commandement de l'Anglais Wellington installé à Mont-Saint-Jean, sans compter les Prussiens sous les ordres de Blücher qu'il a fait poursuivre par Grouchy. Le 18 juin, Napoléon attaque Wellington. La bataille est indécise jusque vers neuf heures du soir, au moment où arrive celui que Napoléon prend pour Grouchy qu'il a envoyé chercher afin d'avoir le renfort nécessaire. Mais Grouchy n'a pas reçu l'ordre à temps, et c'est Blücher qui enfonce l'aile de l'armée napoléonienne. C'est la défaite, et même la débâcle. Napoléon abdique une deuxième fois. Il est conduit à l'île de Sainte-Hélène dans l'Atlantique Sud, sous l'étroite surveillance des Anglais. Il ne s'en échappera pas. Il y meurt le 5 mai 1821.

1815 : le 8 juillet, le roi Louis XVIII s'installe de nouveau au château des Tuileries. Du 14 au 22 août ont lieu les élections qui aboutissent à une « Chambre introuvable » selon le terme de Louis XVIII, c'est-à-dire une chambre inespérément ultraroyaliste, née de la réaction à l'Empire.

1816 : le 5 septembre, la Chambre introuvable est dissoute. De nouvelles élections en octobre donnent la victoire aux conservateurs.

1819 : depuis 1817, les élections donnent l'avantage aux libéraux. Élie Decazes, ministre de la Police en 1815, devient président du Conseil.

1820 : le 13 février, le duc de Berry, neveu de Louis XVIII et héritier du trône, est assassiné en sortant de l'Opéra par un fanatique, Louis-Pierre Louvel. Decazes démissionne – il créera dans l'Aveyron les forges de Decazeville.

1821 : c'est le retour des ultras. La chambre élue est royaliste. Villèle est Premier ministre.

1824 : les ultras remportent de nouveau une victoire écrasante aux élections législatives. Le 16 septembre, le roi Louis XVIII meurt. Il est remplacé par son frère Charles X, sacré à Reims le 29 mai 1825.

1825 : le 21 avril, la loi dite du milliard des émigrés est votée. Les aristocrates qui ont fui la Révolution percevront vingt fois leur revenu de 1789.

1827 : après une montée de l'ultraroyalisme qui comble Charles X, favorable à un retour de l'Ancien Régime, les libéraux remportent les élections législatives.

1830 : après Villèle l'ultra, Martignac le libéral, Charles X place Polignac, un ultra, à la tête du gouvernement, malgré une écrasante majorité libérale aux élections du 12 juillet. Les 27, 28 et 29 juillet, les Trois Glorieuses mettent en place une monarchie constitutionnelle.

Les Trois Glorieuses

Les libéraux étant majoritaires à l'Assemblée, Charles X craint de perdre peu à peu son pouvoir. Il décide donc un coup de force en trois temps : le musellement de la presse, la dissolution de la Chambre des députés, la modification de la loi électorale afin que seuls les propriétaires fonciers votent. Le 27 juillet 1830, c'est l'explosion. Trois journées durant – les « Trois Glorieuses » – le peuple en révolte contraint Charles X à abdiquer. Exilé, l'ultime régnant Bourbon meurt en 1836. Louis-Philippe Ier, fils de Philippe-Égalité qui a voté la mort de Louis XVI, descendant du frère de Louis XIV, monte sur le trône. Une monarchie constitutionnelle se met en place – la monarchie de juillet – pour dix-huit années pendant lesquelles

- la bourgeoisie d'affaires est choyée au détriment des républicains, acteurs principaux mais non bénéficiaires des Trois Glorieuses.

1832 : le 5 juin, aux obsèques du général Lamarque, un héros d'Austerlitz, un soulèvement républicain est durement réprimé par la troupe – 800 morts. Cette année-là, une épidémie de choléra fait 18 000 morts dans la capitale.

1832 : Marie-Caroline de Naples, duchesse de Berry, ayant donné naissance, après la mort du duc de Berry en 1820, à un fils – le futur comte de Chambord –, tente un retour au pouvoir, appuyée par quelques légitimistes. Mais son aventure se termine sans gloire, à Nantes d'abord où elle est arrêtée le 7 novembre après avoir tenté de soulever la Vendée, puis à Blaye où elle a été emprisonnée et est devenue mère d'une fille dont le nom du père demeure incertain.

1833 : ministre du gouvernement d'Adolphe Thiers, François Guizot fait voter la loi qui crée les écoles primaires publiques.

1834 : le 10 avril, à Lyon, la révolte des Canuts –

les ouvriers de la soie – est réprimée dans le sang par la troupe que Thiers a dépêchée sur les lieux.

1841 : le 22 mars, la loi réglementant le travail des enfants est votée – mais appliquée sans hâte – : journées de huit heures pour les enfants de 8 à 12 ans, et de douze heures pour ceux de 12 à 16 ans.

1848 : à l'issue d'une campagne de banquets – le gouvernement ayant interdit les rassemblements politiques – la révolution éclate le 23 février

1848 : le peuple réclame une république qui – espère-t-il – saura améliorer ses conditions de travail et de vie. Le lendemain, 24 février, Louis-Philippe abdique. Le 25, la République est proclamée.

1848 : le 11 décembre, Louis-Napoléon Bonaparte, neveu de Napoléon Ier, est élu président de la République, avec 74,2 % des suffrages exprimés.

1851 : le 2 décembre, Louis-Napoléon Bonaparte, dont le mandat se termine l'année suivante, se garantit le pouvoir par un coup d'État qui, dans les jours qui suivent, fait des centaines de morts parmi ceux qui résistent.

1852 : après un plébiscite qui approuve le projet de rétablissement de l'Empire, Louis-Napoléon Bonaparte devient l'empereur Napoléon III le 2 décembre.

Le Second Empire, c'est...

Le Second Empire, c'est l'expansion coloniale en Algérie, au Sénégal, en Cochinchine, au Cambodge ; c'est l'expédition de Crimée, de 1854 à 1856 : les Français battent les Russes sur la rivière de l'Alma, Mac-Mahon s'empare du fort de Malakoff qui défend la route de Sébastopol ; c'est l'expédition mexicaine qui se termine par l'exécution de Maximilien d'Autriche à Queretaro ; c'est la transformation de Paris par le baron Hausmann : aménagement de l'île de la Cité, construction du palais Garnier (l'opéra), du théâtre du Châtelet, des Halles, réalisation de 271 kilomètres d'aqueducs, de 600 kilomètres d'égouts, éclairage des rues, gaz et eau possibles à tous les étages, création d'espaces verts – bois de Boulogne, de Vincennes, parcs Monceaux et Montsouris, Buttes-Chaumont... – ; c'est aussi la création du Crédit foncier, de la Société générale, du Crédit lyonnais. On quadruple la production de fonte, on quintuple celle de l'acier ; on crée des grands magasins ; on creuse le canal de Suez ; on n'imagine pas que 800 000 Prussiens surarmés sont prêts, en 1870, à fondre sur la France...

1870 : le 19 juillet, Napoléon III déclare la guerre à la Prusse, à la suite d'une dépêche qu'il a jugée insultante – dépêche envoyée par Guillaume Ier mais légèrement modifiée par Bismarck, le chancelier allemand... Le 31 août, l'armée qui allait secourir le maréchal Bazaine, enfermé dans Metz, se laisse encercler à Sedan. Le 2 septembre, Napoléon III décide de sortir de Sedan pour se rendre aux vainqueurs.

1870 : le 4 septembre, la République est proclamée. Son président est le général Trochu.

1871 : le 18 janvier, à Versailles, le IIe Reich allemand est proclamé dans la galerie des Glaces. Les Prussiens encerclent et bombardent Paris. Le 26 février, les préliminaires du traité de paix sont signés : la France abandonne l'Alsace et une partie de la Lorraine. Elle est contrainte de payer une indemnité de guerre de cinq milliards de francs. De plus, les Prussiens doivent entrer dans Paris le 1er mars.

1871 : dans Paris, les classes modestes se sont insurgées contre le gouvernement royaliste issu des élections. Elles décident de ne pas s'y soumettre et de résister jusqu'au bout aux Prussiens, en achetant des canons qui sont installés sur la butte Montmartre. Thiers ordonne à la troupe de s'emparer de ces canons, mais elle fraternise avec le peuple. Les Parisiens créent, le 18 mars, le Comité central de la Commune qui s'installe à l'Hôtel de Ville.

1871 : du 21 au 28 mai, les membres et partisans de la Commune de Paris, qui rêvaient de décentralisation afin que naissent dans toute la France d'autres communes autonomes rassemblées dans une grande fédération de la liberté, vont être écrasés, massacrés par la troupe lancée de Versailles contre eux, par Thiers. Le bilan de cette semaine sanglante s'élève à plus de 30 000 morts.

1873 : le 27 octobre, le comte de Chambord s'obstine à vouloir adopter le drapeau blanc au lieu du drapeau tricolore s'il monte sur le trône de France que les royalistes l'invitent à occuper sous le nom d'Henri V. Il n'y aura pas d'Henri V, et Mac-Mahon, président de la République depuis le mois de mai, inaugure le premier septennat présidentiel – mais démissionnera en janvier 1879.

1875 : un amendement voté par l'Assemblée sur la proposition d'un député modéré, Henri-Alexandre Wallon, introduit pour la première fois le mot « République » dans les lois constitutionnelles. De plus, il précise quelles seront les deux chambres : celle des députés et le Sénat.

1879 : les républicains l'ayant nettement emporté aux élections législatives deux ans auparavant, le président royaliste Mac-Mahon finit par démissionner en janvier. Il est remplacé par Jules Grévy qui a pour objectifs de chasser les jésuites de France afin d'y installer la laïcité, et de développer les colonies pour favoriser les placements de capitaux.

1880 : la laïcité de l'enseignement ayant été votée le 10 juillet 1879, les jésuites – et d'autres congrégations religieuses – sont expulsés à partir du 29 juin. Artisan de cette loi, Jules Ferry met aussi en œuvre son vaste programme de colonisation.

1882 : la loi du 28 mars, votée sous l'impulsion de Jules Ferry, précise que l'instruction primaire devient obligatoire et laïque dans les écoles publiques, de 6 à 13 ans. Les instituteurs devront y dispenser une instruction morale et civique. En dehors du dimanche, un jour de congé est prévu, – le jeudi –, afin d'assurer l'enseignement religieux qui doit être dispensé en dehors des édifices scolaires publics.

1884 : le 21 mars, Jules Ferry fait voter la légalisation des syndicats.

1887 : le 3 décembre, Sadi Carnot devient président de la République.

1889 : le 27 janvier, le général Boulanger, poussé sur la scène politique par Georges Clemenceau, est en mesure de s'emparer du pouvoir par un coup d'État tant il est devenu populaire. Mais il s'en abstient, s'enfuit en Belgique avec sa maîtresse sur la tombe de laquelle il se suicidera le 30 septembre 1891.

1894 : le 16 août, l'anarchiste Caserio est exécuté pour avoir assassiné le président Sadi Carnot le 24 juin à Lyon.

1894-1906 : l'affaire Dreyfus

- La perte de l'Alsace et de la Lorraine n'a jamais été acceptée.

L'esprit de revanche maintient une vive tension dans les relations entre la France et la Prusse.
C'est dans ce contexte qu'est découvert dans une corbeille à papier de l'ambassade d'Allemagne un bordereau rédigé par un officier français, annonçant l'envoi de documents confidentiels à l'attaché militaire allemand. Le général Mercier, ministre de la Guerre, accuse aussitôt le capitaine Dreyfus dont il dit avoir reconnu l'écriture !
Le 15 octobre 1894, Alfred Dreyfus est arrêté et écroué. Le conseil de guerre le déclare coupable en s'appuyant sur des preuves fournies par le général Mercier. Ces preuves sont des faux, Dreyfus est innocent. Mais il est condamné à la dégradation militaire et à la déportation à perpétuité. Le 21 janvier 1895, il embarque pour l'île du Diable, en Guyane.
C'est alors que le colonel Picquart, officier des renseignements, découvre le vrai coupable : un officier d'origine hongroise, Esterhazy. Le 10 janvier 1898, Esterhazy passe devant le conseil de guerre... qui l'acquitte ! Dreyfusards – toute la gauche radicale, les socialistes – et les anti-dreyfusards – la droite nationaliste, antisémite : Alfred Dreyfus est juif.
Le 13 janvier, Émile Zola publie dans le journal *L'Aurore* une lettre ouverte au président de la République, intitulée – par Clemenceau – « J'accuse ».
De nouvelles fausses preuves de culpabilité sont alors fournies et, le 18 juillet, la condamnation est confirmée. Mais

bientôt, la vérité est découverte. Le commandant Henry, qui a fabriqué les faux, se suicide. Dreyfus est rejugé, son innocence est reconnue mais son acquittement complet n'interviendra que le 12 juillet 1906. Alfred Dreyfus s'est éteint à Paris en 1935.

XXe SIÈCLE

1901 : une loi votée le 1er juillet – et toujours en vigueur – permet à tous les particuliers de créer une association, à condition d'en faire la déclaration à la préfecture ou à la sous-préfecture.

1905 : le congrès socialiste réuni à Paris prend le nom de SFIO (Section française de l'internationale ouvrière), à l'initiative de Jean Jaurès, député républicain, pacifiste, fondateur du journal L'Humanité.

1905 : le 9 décembre, Aristide Briand, ministre de l'Intérieur et des Cultes, fait voter la loi de séparation d'Église et de l'État, mûrie par son prédécesseur Émile Combes, ancien séminariste et docteur en théologie devenu athée. Elle met fin au concordat de 1801.

1913 : le 17 janvier, Raymond Poincaré est élu président de la République.

1914 : la Triple entente qui rassemble l'Angleterre, la France et la Russie – qui a pris sous son aile la Serbie – et la Triple alliance, Allemagne, Autriche, Italie, entrent en conflit après l'assassinat, le 28 juin, de l'archiduc héritier d'Autriche-Hongrie François-Ferdinand et de la duchesse de Hohenberg, son épouse, à Sarajevo – l'Autriche accuse la Serbie d'avoir organisé l'attentat. Le 30 juillet, la Russie mobilise ses troupes pour défendre la Serbie.

1914 : le 31 juillet, Jean Jaurès, farouchement opposé à la guerre, est abattu rue Montmartre au Café du Croissant par un exalté, Raoul Villain.

1914 : le 1er août, l'ordre de mobilisation générale est lancé en France à 15 h 45, et en Allemagne à 17 heures. L'Allemagne déclare la guerre à la Russie. Le 3 août, l'Allemagne déclare la guerre à la France. Le 4 août, Poincaré prononce l'union sacrée de toutes les tendances politiques. Les armées allemandes envahissent la Belgique. Le 5 août, l'Angleterre déclare la guerre à l'Allemagne. Le 6 août, l'Autriche-Hongrie déclare la guerre à la Russie. Le 11 août, la France déclare la guerre à l'Autriche-Hongrie.

1914 : le 12 septembre, la contre-offensive lancée par Joffre parvient à arrêter l'avance allemande sur les bords de la Marne, à cinquante kilomètres de Paris. Les taxis parisiens – rebaptisés « taxis de la

Marne » –, réquisitionnés pour le transport des troupes, contribuent à cette victoire.

1914 : la course à la mer qui a commencé le 18 septembre s'arrête le 15 novembre. La ligne de front est stabilisée. Les soldats, de part et d'autre, creusent des tranchées. La guerre de mouvement devient guerre de position.

1915 : le front occidental étant stabilisé de la mer du Nord à la frontière suisse, les Français lancent en Champagne, du 15 février au 18 mars, une offensive qui échoue. Le 22 avril, près d'Ypres, en Belgique, les Allemands utilisent le gaz moutarde, appelé depuis l'ypérite. Du 9 au 18 juin, des offensives alliées, très coûteuses en vies humaines, sont lancées en Artois, en vain.

1915 : du 25 septembre au 6 octobre, de nouvelles offensives en Champagne et en Artois ne parviennent pas à enfoncer les lignes ennemies. Sur le front de l'Orient, les alliés tentent en février 1915 une expédition dans les Dardanelles pour prendre Istanbul. Le 23 mai, l'Italie entre en guerre aux côtés des alliés. Le 6 octobre, alors que les troupes alliées débarquent à Salonique, les Allemands envahissent la Serbie.

1916 : le 21 février commence la bataille de Verdun : le général allemand von Falkenhayn a décidé de « saigner à blanc » l'armée française. Le 25 février, les Allemands s'emparent du fort de Douaumont. Le général Pétain organise les attaques de sorte que de nouveaux effectifs se succèdent régulièrement en première ligne, transportés par des camions sur une route devenue « la Voie sacrée ».

1916 : le 1er juillet, Joffre lance la grande offensive de la Somme. Français et Anglais – qui vont utiliser pour la première fois les chars d'assaut – tentent de faire reculer les Allemands. Le 18 novembre, l'offensive qui a fait 200 000 morts ou blessés – Français, Britanniques et Allemands – a permis aux alliés d'avancer de dix kilomètres. Entre le 15 et le 25 décembre, la bataille de Verdun, commencée en février, se termine. Le bilan est terrible : plus de 700 000 morts, blessés ou disparus pour l'ensemble des combattants.

1917 : le front n'ayant pas bougé, le général Nivelle

lance, le 16 avril 1917, une offensive qu'il espère décisive entre Cerny-en-Laonnois et Craonne, sur le Chemin des Dames, et qui fait près de 300 000 morts en six semaines, sans résultat. Cette inutile boucherie provoque des mutineries dans les rangs des soldats, durement réprimées. Clemenceau appelé par Poincaré, soutient le moral des troupes et acquiert le surnom de « Père la Victoire ».

Dans le monde : la révolution d'Octobre

En Russie, le 2 mars 1917 (15 mars de notre calendrier), le tsar Nicolas II abdique. Depuis le 23 février (8 mars), les bolcheviques – ouvriers russes – conduits par Lénine ont manifesté et appelé à la grève, emportant dans leur mouvement les soldats révoltés contre leurs officiers. Après s'être emparés des bâtiments publics, ils forment un gouvernement provisoire. Le 24 octobre de la même année (6 novembre), les bolcheviques s'emparent du palais d'Hiver et des points stratégiques dans la capitale Petrograd (Saint-Pétersbourg). La ville est aux mains des insurgés le 25 octobre (7 novembre).

1918 : le 21 mars, les Allemands lancent en Picardie une offensive qu'ils veulent décisive. Fin mai, ils atteignent la Marne, à soixante kilomètres de Paris !

Le 18 juillet, la contre-offensive, appuyée par un million de soldats américains – les premiers sont arrivés en juin 1917 – et par des milliers de combattants venus des colonies, parvient à mettre en déroute l'armée allemande. L'armistice est signé le 11 novembre à six heures du matin dans le wagon du maréchal Foch, stationné dans la clairière de Rethondes, près de Compiègne.

1919 : le 28 avril, Genève est choisie pour siège de la Société des nations, créée à l'initiative des États-Unis, destinée à arbitrer les conflits futurs et à garantir la paix.

1919 : le 28 juin, le traité de Versailles est signé. L'Alsace et la Lorraine sont restituées à la France. Les alliés occuperont la rive gauche du Rhin pendant quinze ans. L'Allemagne – jugée responsable – devra s'acquitter des réparations financières. L'Empire austro-hongrois laisse la place à deux États de dimensions modestes : l'Autriche et la Hongrie. De nouveaux États apparaissent : la Tchécoslovaquie et la Yougoslavie. La Roumanie s'agrandit. La Pologne redevient indépendante.

1920 : au congrès de Tours, la section française de l'internationale communiste (SFIC), devenue le Parti communiste en 1943, naît d'une scission au sein de la SFIO.

1924 : le bilan économique de la Chambre bleu horizon, élue au lendemain de la guerre n'étant guère positif, les électeurs remplacent le Bloc national par le Cartel des gauches.

1925 : le 16 octobre sont signés les accords de Locarno : la France, l'Allemagne et la Belgique échangent la promesse de ne plus se livrer à aucune attaque ou invasion.

1926 : sur la proposition d'Aristide Briand, artisan du rapprochement franco-allemand, l'Allemagne est admise à la Société des nations. Raymond Poincaré, de retour aux affaires, parvient au prix d'une forte dévaluation, à stabiliser le franc et à relancer l'économie.

1928 : le pacte Briand-Kellog est signé – le ministre des Affaires étrangères Aristide Briand et le secrétaire d'État américain Kellog mettent la guerre hors la loi avec l'assentiment des États-Unis.

1929 : le 24 octobre, le krack boursier de Wall-Street à New-York n'a que peu de répercussions en France.

1934 : les difficultés économiques plongent la France dans un marasme tel que les ligues fascistes deviennent de plus en plus actives. Le 6 février, des émeutiers d'extrême droite tentent d'atteindre le Palais Bourbon.

1936 : le 3 mai, le Front populaire, qui rassemble communistes, socialistes et radicaux – afin de faire barrage au fascisme –, remporte les élections législatives.

Les accords de Matignon

Au lendemain de l'élection du Front populaire, plus de deux millions d'ouvriers se sont mis en grève, spontanément, afin d'obtenir des mesures en leur faveur. Léon Blum et son gouvernement demandent que s'ouvrent des négociations entre le patronat et la CGT. Elles aboutissent à la signature des accords de Matignon, le 8 juin 1936 : les salaires augmentent de 7 à 15 % ; la semaine de travail passe de quarante-huit heures à quarante ; l'État prend le contrôle de la Banque de France ; les industries de l'armement sont nationalisées ; la liberté syndicale est acquise ; enfin, quinze jours de congés payés sont accordés aux ouvriers.

1936 : le 7 mars, dénonçant les accords de Locarno, Hitler, chancelier du Reich allemand depuis 1933, franchit le Rhin et réoccupe la zone démilitarisée.

1938 : l'Autriche s'étant rattachée à l'Allemagne en mars – l'Anschluss –, les nazis se sont installés à Vienne et ont commencé à persécuter les Juifs. Hitler décide ensuite d'envahir une partie de la Tchécoslovaquie, les Sudètes. L'Anglais Chamberlain, le Français Daladier et l'Italien Mussolini décident alors de rencontrer Hitler, et signent les accords de Munich les 29 et 30 septembre. Le chancelier allemand prétend que les Sudètes sont sa dernière revendication territoriale, mais personne n'est dupe : la guerre est imminente.

1939 : Prague est occupée par les Allemands le 15 mars. La Pologne avec laquelle l'Angleterre a signé un traité d'alliance, est envahie le 1er septembre. Le 3 septembre, l'Angleterre et la France déclarent la guerre à l'Allemagne.

1940 : après une période d'attente où rien ne se passe – la « drôle de guerre » –, l'offensive allemande est lancée le 10 mai en Belgique et dans les Ardennes. Fin mai, les soldats franco-britanniques sont encerclés. La plupart d'entre eux sont évacués à partir de Dunkerque vers l'Angleterre – ceux qui restent sont faits prisonniers par les Allemands.

1940 : les troupes d'Hitler entrent dans Paris. Sur les routes de France, c'est l'exode des populations du Nord, de Paris et de sa région. Le 17 juin, le maréchal Pétain, rappelé aux affaires à 84 ans, demande l'armistice aux Allemands.

1940 : le 18 juin, le général de Gaulle lance de Londres son appel à la résistance. Le 22, l'armistice est signé à Compiègne, dans la clairière de Rethondes où fut signé l'armistice de 1918. Le 2 juillet, le gouvernement s'installe à Vichy. Le lendemain, la France est coupée en deux par la ligne de démarcation qui crée deux zones : la zone nord occupée et la zone sud libre.

1940 : afin que la flotte française ne tombe pas aux mains des Allemands, elle est détruite par les Britanniques à Mers el-Kébir sur la côte algérienne, le 3 juillet.

1941 : le 22 juin, l'Allemagne attaque l'URSS. Le 7 décembre, après la destruction de leur flotte à Pearl Harbor par les Japonais, les Américains entrent dans une guerre devenue mondiale.

1941 : le 20 octobre, dans une rue de Nantes, le lieutenant-colonel allemand Holtz est abattu. En représailles, 99 otages sont fusillés – 27 à Châteaubriant, dans la carrière de la Sablière, les autres à Nantes et Bordeaux. Parmi eux, un jeune homme de 17 ans, Guy Môquet.

La rafle du Vél' d'Hiv'

Dès le 3 octobre 1940, un statut des Juifs est élaboré par les autorités françaises de Vichy. Le 29 mai 1941, un Comité général aux questions juives (CGQJ) est créé. Non seulement toutes les professions sont interdites aux Juifs, mais leurs biens sont confisqués. Le 7 juin 1942, en zone occupée, tous les Juifs de plus de 6 ans doivent porter une étoile jaune – déjà portée par les Juifs en Allemagne depuis le 1er septembre 1941. Dans la nuit du 16 au 17 juillet 1942, 7 000 policiers français pénètrent de force chez les Juifs de la zone occupée, procédant à leur arrestation. Cette opération « Vent printanier » décidée par le chef du gouvernement Pierre Laval et René Bousquet, secrétaire général de la police au ministère de l'Intérieur, va se poursuivre jusqu'au 30 juillet. Des dizaines de milliers d'hommes, de femmes et d'enfants sont conduits au Vél'd'Hiv', dans le XVe arrondissement de Paris, avant leur transfert à Drancy, point de départ vers les camps de la mort. 100 000 Juifs quitteront ainsi le sol français pour mourir dans les camps d'extermination. Six millions de Juifs ont été exterminés par les nazis pendant la Seconde Guerre mondiale.

1942 : les Allemands occupent la zone sud, ripostant ainsi au débarquement des forces alliées en Afrique du Nord.

1943 : les mouvements de résistance qui se sont développés en France reconnaissent peu à peu le général de Gaulle pour chef de la France libre. Jean Moulin, ancien préfet chargé par de Gaulle d'unifier tous ces mouvements, crée le Conseil national de la Résistance. Mais le 21 juin, il est arrêté par la Gestapo lors d'une réunion des principaux chefs de la Résistance à Caluire-et-Cuire. Torturé à

Lyon, il meurt peu de temps après, sans avoir parlé.

1943 : le 27 octobre, le général Giraud, anti allemand, mais favorable à Vichy – et favori des Américains – démissionne, laissant la place au général de Gaulle qui devient le seul chef du Gouvernement provisoire de la République française.

1944 : le 6 juin, les Alliés débarquent en Normandie. Du 18 au 25 août, Paris est libérée par le général Leclerc. Le 26 août, le général de Gaulle descend les Champs-Élysées, acclamé par la foule.

1945 : le 8 mai, l'Allemagne capitule. Le 6 août, la première bombe atomique est lâchée par les Américains sur Hiroshima ; le 9 août, une deuxième bombe est larguée sur Nagasaki. Le 15 août, le Japon capitule.

1945 : le 21 octobre, les femmes votent pour la première fois.

1946 : élu chef du gouvernement, le général de Gaulle, n'obtenant pas une Constitution qui accroisse ses pouvoirs et lui donne deux chambres – députés et Sénat –, démissionne le 20 janvier 1946. Le 13 octobre, les Français adoptent la constitution de la IVe République par référendum – le Parlement y assure la souveraineté populaire, ce qui conduit au renforcement des partis.

1947 : le 16 janvier, le socialiste Vincent Auriol est élu président de la République. Paul Ramadier forme le premier gouvernement, celui du tripartisme associant communistes, socialistes et républicains populaires.

1948 : le gouvernement de Robert Schuman – qui avait remplacé celui de Ramadier – chute. Il est remplacé par celui d'Henri Queuille qui conduit la Troisième Force, entre les communistes et le parti du général de Gaulle, le RPF. L'inflation est enrayée, un salaire minimum interprofessionnel est envisagé.

1949 : dans un contexte de guerre froide entre l'URSS et les États-Unis avec renforcement des arsenaux nucléaires, la France se range aux côtés des États-Unis le 4 avril en adhérant à l'OTAN – Organisation du traité de l'Atlantique Nord.

1950 : le 11 février, le SMIG – salaire minimum interprofessionnel garanti – entre en vigueur.

1951 : le 18 avril 1951, sur une idée de Jean Monnet et de Robert Schuman, la Communauté européenne du charbon et de l'acier (CECA) voit le jour. Elle comprend la France, l'Allemagne fédérale, l'Italie, la Belgique, les Pays-Bas et le Luxembourg – ces trois pays forment le Benelux.

Mendès-France et l'Indochine

En Indochine, un homme politique formé au communisme en France, Ho Chi Minh, crée dans son pays un front de résistance au colonialisme : le Vietminh. Jugeant intolérable l'exploitation économique de son peuple par les Français, il proclame l'indépendance du Vietnam à Hanoi en 1945. Le 23 novembre 1946, Haiphong est bombardée. Ho Chi Minh prend le maquis. La guerre d'Indochine commence le 19 décembre suivant. Après 1949, la Chine communiste vient en aide aux Vietnamiens. L'armée française, soutenue par les États-Unis, subit de nombreux revers. En janvier 1954, plus de 12 000 soldats français sont encerclés par le Vietminh dans la plaine de Dien Bien Phu. Ils se rendent le 7 mai 1954. C'est alors que Pierre Mendès France, élu président du Conseil le 18 juin 1954, convaincu de la nécessité de la décolonisation, parvient en un mois à la signature des accords de Genève.

Le Vietnam est partagé en deux par le 17e parallèle : au nord, la République démocratique, de régime communiste, et au sud, un régime proaméricain. Les États-Unis prennent la relève de la France. Le Laos et le Cambodge deviennent indépendants. Le 5 février 1955, après s'être fréquemment opposé au parlement, Mendès France démissionne.

1955 : entre le 20 et le 31 août, en Algérie, les premières actions armées du FLN font 123 morts dont 71 Européens. La terrible répression qui succède à ces actions crée la rupture entre les Européens et les Algériens.

1956 : de janvier à juillet, le nombre de soldats du contingent en Algérie passe de 200 000 à 400 000.

1957 : le 25 mars, le traité de Rome fonde la Communauté économique européenne (CEE) qui rassemble l'Allemagne fédérale, l'Italie, la Belgique, les Pays-Bas et le Luxembourg. Le 31 juillet, la Tunisie devient indépendante. Le 6 novembre, Félix Gaillard est élu président du Conseil et tente d'apaiser les partisans de l'Algérie française lors du vote d'une loi-cadre au début de 1958.

1958 : le 8 février, le village de Sakhiet Sidi Youssef, en Tunisie, est bombardé par l'aviation française, en représailles contre les raids du FLN. Le 13 mai, une manifestation d'étudiants menée par Pierre Lagaillarde aboutit au gouvernement général où un Comité de salut public est créé, présidé par le général Massu. Le soir même, le général Salan déclare qu'il « prend en main les destinées de l'Algérie française ».

1958 : le 15 mai, à 17 heures, le général de Gaulle, sollicité par Salan, déclare qu'il se sent prêt à assumer les pouvoirs de la République. Le 29 mai, le président de la République René Coty demande au général de Gaulle de former un gouvernement. Le dimanche 1er juin, l'assemblée accorde l'investiture au gouvernement du Général.

1958 : présentée le 4 septembre, la Constitution de la Ve République, préparée par Michel Debré, est soumise aux Français par référendum et approuvée par 79,26 % des voix.

1959 : le 16 septembre, le général de Gaulle propose l'autodétermination aux Algériens.

1960 : le 1er janvier, le nouveau franc entre en vigueur.

1960 : du 24 janvier au 1er février à Alger, c'est la semaine des barricades : Pierre Lagaillarde – élu député d'Alger-ville en 1958 – tente un coup de force pour gagner l'armée à sa cause. Mais de Gaulle maintient son projet d'autodétermination. Bénéficiant d'une libération provisoire après avoir été emprisonné à la Santé, Pierre Lagaillarde s'enfuit en Espagne où il rejoint Salan avec qui il fonde l'OAS (Organisation Armée Secrète).

1961 : le 8 janvier a lieu le référendum sur l'autodétermination en Algérie. Le oui à l'indépendance l'emporte avec 75 % des suffrages.

1961 : le 22 avril, Challe, Zeller, Jouhaud, Salan – « un quarteron de généraux en retraite » selon de Gaulle – tentent de prendre le pouvoir à Alger. Le putsch échoue. L'OAS se montre de plus en plus active, en Algérie et en France.

1962 : le 18 mars, les accords d'Évian sont signés : l'Algérie devient indépendante. Le lendemain, le cessez-le-feu est proclamé en Algérie à midi. Un million d'Européens, préférant « la valise au cercueil », gagnent la France, ainsi que 100 000 harkis – Algériens au service de la France – dont le rapatriement était interdit par le gouvernement.

1962 : le 22 août, le général de Gaulle échappe à un attentat organisé par l'OAS au Petit-Clamart. Son instigateur, le colonel Bastien-Thiry, est arrêté le 17 septembre et fusillé le 11 mars de l'année suivante.

Dans le monde

John Kennedy, trente-cinquième président des États-Unis, est assassiné le 22 novembre 1963 à Dallas, au Texas. Lee Harvey Oswald, l'assassin présumé, est arrêté peu de temps après, mais il est abattu deux jours plus tard par Jack Ruby qui s'était fait passer pour un journaliste au moment du transfert d'Oswald en prison. Ruby est condamné à mort dans un premier temps, mais sa peine est commuée en détention criminelle à perpétuité. Il meurt d'un cancer en 1967, pendant son deuxième procès. En septembre 1964, la commission Warren – commission d'enquête sur l'assassinat de Kennedy, désignée par Lyndon Johnson, le vice-président – avait conclu à la seule culpabilité d'Oswald, écartant la thèse d'un complot.

1965 : le 19 décembre, le général de Gaulle est élu président de la République avec 54,5 % des suffrages, contre 45,5 % pour François Mitterrand qui l'avait mis en ballottage.

1968 : mécontents de leur sort, critiques à l'égard de la société de consommation, les étudiants parisiens occupent la Sorbonne le 3 mai. Pendant les quatre semaines qui suivent, les forces de l'ordre et les étudiants – soutenus par les partis et les syndicats de gauche – s'affrontent jusqu'à ce que, le 30 mai, le général de Gaulle annonce la dissolution de l'Assemblée nationale. La France, qui était paralysée, reprend le travail.

Dans le monde : dans la Lune

Dans la nuit du 20 au 21 juillet 1969, à 3 h 56 – heure française –, l'astronaute Neil Armstrong foule le sol lunaire pour la première fois dans l'histoire de l'humanité. Vingt minutes plus tard, il est rejoint par Buzz Aldrin avec lequel il plante sur la Lune la bannière étoilée des États-Unis – pendant que Mickaël Collins pilote la capsule Apollo en orbite. Après un séjour de vingt et une heures sur le satellite naturel de la Terre, les trois astronautes de la mission Apollo XI amerrissent le 24 juillet dans le Pacifique.

1969 : le 27 avril, le non l'ayant emporté au référendum permettant la décentralisation, le général de Gaulle se retire du pouvoir. Le 15 juin, Georges Pompidou est élu président de la République. Jacques Chaban-Delmas devient Premier ministre.

1971 : au congrès d'Épinay-sur-Seine, les 11 et 12 juin, François Mitterrand prend la direction du parti socialiste. L'année suivante, il signe avec les communistes un programme commun de gouvernement.

1973 : entre octobre et décembre, les pays de l'OPEP décident une forte augmentation du prix du pétrole. La France subit son premier choc pétrolier.

1974 : le 2 avril, le président Pompidou meurt d'un cancer sanguin. Le 19 mai, Valéry Giscard d'Estaing est élu président de la République avec 50,8 % des voix contre 49,2 % pour François Mitterrand. Le 27 mai, Jacques Chirac est nommé Premier ministre.

1976 : le 25 août, Jacques Chirac démissionne de son poste de Premier ministre. Il est remplacé par Raymond Barre qui détient aussi le portefeuille de ministre de l'Économie et des Finances. Il pratique une politique d'austérité destinée à combattre et maîtriser l'inflation.

1979 : après le deuxième choc pétrolier, Raymond Barre lance la chasse au gaspi afin de limiter les importations de pétrole. Malgré les efforts du Premier ministre, la France compte un million et demi de chômeurs et l'inflation s'élève à près de 14 % par an.

1981 : le 10 mai, François Mitterrand est élu président de la République avec 51,75 % des voix contre 48,25 % pour Valéry Giscard d'Estaing. Le 21 juin – jour de la première fête de la musique, imaginée par Jack Lang –, les socialistes obtiennent une large majorité aux élections législatives. Le 23 juin, quatre ministres communistes sont nommés dans le gouvernement du Premier ministre Pierre Mauroy.

1984 : à Versailles, plus d'un million de personnes défilent afin de manifester leur opposition à la loi Savary qui projette de mettre en place un grand service d'enseignement laïc unifié, en nationalisant l'enseignement privé. Le 18 juillet, Pierre Mauroy démissionne. Il est remplacé par Laurent Fabius.

1986 : les élections législatives étant remportées par la droite, le président de la République nomme Jacques Chirac Premier ministre. Ainsi commence la première expérience de cohabitation de la Ve République.

Dans le monde : Tchernobyl

Le 25 avril 1986, en Ukraine, un des quatre réacteurs de la centrale nucléaire de Tchernobyl explose, provoquant la formation d'un nuage radioactif qui va survoler une partie de l'Europe – dont la France.

1987 : le 11 mai 1987 commence le procès de Klaus Barbie, chef de la police nazie à Dijon pendant la guerre. En 1972, Beate et Serge Klarsfeld (fils d'un déporté mort à Auschwitz), les chasseurs de nazis, avaient retrouvé sa trace en Bolivie. Le 5 février 1983, il avait été livré à la justice française. Barbie est le responsable de nombreuses rafles de Juifs qui seront déportés, dont celle des enfants d'Izieu, dans l'Ain, le 6 avril 1944 : 44 enfants de 3 à 13 ans sont arrêtés avec les cinq adultes qui s'occupent d'eux. Tous sont transférés vers Drancy, puis vers les camps de la mort dont pas un ne reviendra. Barbie, c'est aussi le tortionnaire de Jean Moulin. Le 3 juillet 1987, après trente-six jours d'audience, Barbie est condamné à perpétuité pour crimes contre l'humanité. Le 25 septembre 1991, il meurt en prison à Lyon.

1988 : le 8 mai, François Mitterrand est réélu président de la République avec 54,01 % des voix contre 45,99 % pour Jacques Chirac. Michel Rocard devient Premier ministre. Son gouvernement apaise la situation en Nouvelle-Calédonie, crée le RMI et la CSG, rétablit l'impôt sur la fortune.

Dans le monde : la chute du mur de Berlin

Long de 160 km environ, le mur de Berlin – appelé aussi le « mur de la honte » – élevé le 13 août 1961 dans le contexte de la guerre froide opposant les Etats-Unis et l'URSS, est abattu le 9 novembre 1989. Le 3 octobre 1990, les deux Allemagnes sont réunifiées.

1991 : le ministre de la Défense, Jean-Pierre Chevènement, démissionne. Il n'approuve pas les décisions que le gouvernement a prises en s'engageant dans la guerre du Golfe – commencée le 2 août 1990 lorsque l'Irak a envahi le Koweït.

1991 : après la démission de Michel Rocard, Édith Cresson devient la première femme Premier ministre en France.

1992 : du 8 au 23 février se déroulent les Jeux Olympiques d'Albertville – la chorégraphie d'ouverture est signée Philippe Decouflé. Le 2 avril, Édith Cresson, en butte à l'hostilité masculine, démissionne. Elle est remplacée par le ministre de l'Économie et des Finances, Pierre Bérégovoy. Le 20 septembre, les Français approuvent par référendum le traité européen de Maastricht par 51 % des voix.

1993 : à l'issue des élections législatives, le 28 mars, la droite devient majoritaire. Le lendemain, François Mitterrand choisit pour Premier ministre Édouard Balladur. La deuxième cohabitation commence.

1993 : le 1er mai, Pierre Bérégovoy se suicide, n'ayant pas supporté les soupçons pesant sur son honnêteté, à propos d'un emprunt sans intérêts contracté auprès d'un ami du président Mitterrand, Roger-Patrice Pelat.

1995 : le 7 mai, les Français élisent Jacques Chirac président de la République avec 52,64 % des voix, contre 47,36 % pour Lionel Jospin. Le 18 mai, Alain Juppé est nommé Premier ministre.

1997 : le 8 octobre, à la cour d'assises de Bordeaux, s'ouvre le procès de Maurice Papon, secrétaire général de la préfecture de la Gironde sous le régime de Vichy. Numéro deux officiel de la région de Bordeaux, supervisant le service des questions juives, il a ordonné l'arrestation de près de 1 600 Juifs entre 1942 et 1944, hommes, femmes, enfants, personnes âgées, la plupart déportés à Auschwitz. Le 2 avril 1998, Maurice Papon est condamné à dix ans de réclusion criminelle pour complicité de crime contre l'humanité.

1997 : Jacques Chirac ayant décidé de dissoudre l'Assemblée nationale, une troisième cohabitation se met en place après la victoire de la gauche aux élections législatives le 1er juin : Lionel Jospin est nommé Premier ministre le 4 juin.

1998 : le 6 février, le préfet de la région Corse, Claude Érignac, est assassiné dans une rue d'Ajaccio. Une partie des auteurs de cet attentat ont été jugés en 2003.

1998 : le 10 février, le projet de loi de Martine Aubry sur les 35 heures de travail par semaine est adopté par l'Assemblée. Avec les 35 heures naissent les RTT (réductions du temps de travail).

1998 : le 12 juillet, pour la première fois, l'équipe de France de football remporte la Coupe du monde de football en battant le Brésil par 3 buts à 0.

1999 : le 15 novembre, la loi sur le Pacte civil de solidarité qui permet à deux personnes majeures, de sexe différent ou de même sexe d'avoir une vie commune – le PACS – est votée. Le 12 décembre, le pétrolier l'Erika fait naufrage au large du Finistère, créant une gigantesque marée noire sur 400 kilomètres de côte.

2000 : le 25 juillet, un avion Concorde d'Air France s'écrase après son décollage de Roissy. Cette catastrophe fait 113 victimes, dont quatre riverains.

2000 : le 24 septembre, 18,6 % des électeurs inscrits

répondent oui à la question qui leur est posée par voie de référendum : « Approuvez-vous le projet de loi constitutionnelle fixant la durée du mandat du président de la République à cinq ans ? » 6,8 % répondent non. Le taux d'abstention s'élève à 70 %.

2001 : après les deux tours des élections municipales, les 11 et 18 mars, Bertrand Delanoé devient maire de Paris.

Dans le monde : les tours jumelles s'effrondent

Le 11 septembre 2001, à New-York, deux avions de ligne s'écrasent contre les tours du World Trade Center. Cet attentat signé Al-Qaida provoque la mort de 3 000 personnes.

2001 : 10 h 17 à Toulouse, le 21 septembre, l'usine pétrochimique AZF – fabrication d'engrais – explose, provoquant la mort de trente personnes. Près de 3 000 blessés sont hospitalisés. Des milliers de bâtiments sont endommagés.

2002 : le 1er janvier, la nouvelle monnaie, l'euro, qui vaut 6,55957 francs, entre en vigueur – et dans tous les porte-monnaie.

2002 : le 5 mai, au terme d'un deuxième tour inattendu entre Jacques Chirac et Jean-Marie Le Pen, les Français réélisent président de la République Jacques Chirac, avec 82,21 % des suffrages exprimés. Le 6 mai, Jean-Pierre Raffarin devient Premier ministre.

2003 : le 21 août, la loi portant sur la réforme des retraites est votée. Jusqu'en 2008, salariés et non-salariés doivent passer de 37,5 années de cotisations à 40 années, à raison de deux trimestres par année, soit 160 trimestres pour les assurés nés en 1948. Jusqu'en 2012, l'allongement de la durée d'assurance se fait à raison d'un trimestre par an, afin d'atteindre 41 ans, soit 164 trimestres pour ceux qui sont nés en 1952.

2004 : le 28 mars, à l'issue des élections régionales et cantonales, la gauche est majoritaire dans les conseils régionaux – sauf l'Alsace –, et dans la plupart des conseils généraux.

2004 : le 1er mai, l'Europe des quinze est devenue l'Europe des vingt-cinq, dix nouveaux pays s'étant ajoutés à la Communauté qui compte désormais plus de 450 millions d'habitants. Huit de ces nouveaux pays ont fait partie de l'ex-bloc communiste : l'Estonie, la Lettonie, la Lituanie, la Pologne, la Slovaquie, la République tchèque, la Hongrie et la Slovénie ; les deux autres sont des îles méditerranéennes : Malte et Chypre.

2005 : le 29 mai, à la question posée aux Français par voie de référendum : « Approuvez-vous le projet de loi qui autorise la ratification du traité établissant une Constitution pour l'Europe ? » , le non l'emporte avec 54,68 % des suffrages exprimés. Le 31 mai, Jean-Pierre Raffarin démissionne. Il est remplacé par Dominique de Villepin.

2005 : le 27 avril, à 10 h 29, l'Airbus A 380, le plus gros avion du monde décolle de la piste de l'aéroport de Toulouse-Blagnac. Son premier vol parfaitement réussi est retransmis en direct dans le monde entier.

2005 : mises en examen en 2002 dans une affaire de pédophilie, 17 personnes sont jugées en juin et juillet 2004 à la cour d'assises du Pas-de-Calais, à Saint-Omer. Sept d'entre elles sont acquittées. Six autres le sont également en novembre 2005, après avoir été innocentées par la principale accusatrice. Ces acquittements closent une inquiétante catastrophe judiciaire.

2005 : en novembre, des troubles éclatent dans les banlieues, autour de Paris, et dans de nombreuses villes de province. Des milliers de voitures et des écoles sont brûlées. Les affrontements avec la police se multiplient. Le gouvernement prend la décision de recourir à la loi de 1955 sur le couvre-feu et d'autoriser les préfets à l'appliquer s'ils le jugent nécessaire.

Du même auteur :

Publiés aux éditions First :

La Littérature française pour les Nuls, éditions First, 2005
L'Histoire de France illustrée pour les Nuls, éditions First, 2005
L'Histoire de France pour les Nuls, éditions First, 2004
Le Petit Livre de la grammaire facile, éditions First, 2004
Le Petit Livre de la conjugaison correcte, éditions First, 2002
Le français correct pour les Nuls, éditions First, 2001
Le Petit Livre des tests du français correct, éditions First, 2001
Mon enfant est à l'école primaire. Je le soutiens efficacement, (en collaboration avec Claudine Julaud), « Réussir en équipe », éditions First, 1999
Mon enfant est au collège. Je le soutiens efficacement, (en collaboration avec Claudine Julaud), « Réussir en équipe », éditions First, 1999

À paraître :

La Géographie française pour les Nuls, éditions First, 2006

Publiés chez d'autres éditeurs :

Café grec – Roman, Le Cherche Midi éditeur, 2003
Tu feras l'X – Roman, Liv'éditions, 2001
Ça ne va pas ? Manuel de poésiethérapie, Le Cherche Midi éditeur, 2001
Mort d'un kiosquier – Récits, éditions Critérion, 1994
Pour mieux dire « Peut mieux faire » - Guide pratique à *l'usage des enseignants,* éditions François Chapel, 1986,
La Nuit étoilée – Nouvelles, Corps 9 éditions, 1984
Le Sang des choses – Contes et nouvelles, Corps 9 éditions, 1983